KB153949

한강의 기적을
세계로 대동강으로

한강의 기적을
세계로 대동강으로

좌승희·이태규 저

기파랑

이 책은 대한민국이 이룬 너무나 값진 경험, '한강의 기적'의 성공 노하우를 전 세계, 그리고 나아가 북한으로 전파함으로써 북녘 동포를 포함 전 세계 인류의 경제적 번영에 기여하고자 하는 목적을 가지고 있다.

경제학은 아직도 양적 성장을 넘어 질적 성장을 포함하는 경제발전 현상에 대해 충분히 이해하지 못하고 있다. 경제학은 마차를 만드는 경제가 어떻게 하면 10개의 마차에서 100개의 마차를 생산할 수 있는지 쉽게 설명한다. 그러나 '마차 경제'가 어떻게 '기차, 자동차, 비행기, 우주선 경제'로 도약할 수 있는지는 설명의 어려움을 겪고 있다. 경제학은 마차를 많이 만들면 마차 덩어리가 저절로 기차가 될 수 있는 것처럼 얘기하는데 사실상 마차를 아무리 많이 만들어 이어붙여도 기차가 될 수는 없고 더 나아가 자동차나 비행기가 될 수는 없는 노릇이다.

그렇다 보니 마차를 굴리던 한국의 농경사회가 어떻게 박정희 시대를 거치면서 기차, 자동차, 비행기 제조의 고차원적 산업경제로 발전하였는지, 더 나아가 지식경제라 불리는 지식산업사회로 어떻게 진화하였는지 설명하는 데에는 애를 먹고 있다. 더구나 박정희 시대는 경제학계나 국제기구, 그리고 선진국들이 하지 말라는 정책을 열심히 해서 성공하였으니 한강의 기적은 경제학으로 이해하거나 설명하기 힘든 난제 중의 하나다.

마찬가지로 그동안 세계 도처의 저개발 농경사회 국가들은 경제학의 도움으로 마차 경제를 벗어나 산업화된 선진경제로 도약하고자 노력해 왔지만, 지난 20세기 이후 이에 성공한 나라는 한국을 빼고 찾아보기가 어려운 것이 현실이다. 도대체 경제발전 현상을 설명한다고 등장한 경제학은 무슨 문제를 안고 있기에 이런 일이 생기는 것일까?

한국 정부도 지난 십수 년 동안 지식공유사업Knowledge Sharing Program 이라는 이름 아래 많은 예산과 소위 경제전문가들을 투입하여 한강의 기적 전수 사업을 추진해 왔다. 그렇지만 필자들이 과문한 탓인지 한국의 경험을 배워 경제적 도약에 성공하고 있는 나라가 있다는 얘기를 아직 듣지 못하였다. 더 흥미로운 것은 한국의 역사를 살펴보면 박정희 시대의 정책들은 제5공화국 때부터 이미 대부분 부정되고 민주화 시대에는 아예 참고 대상에도 끼지 못했던 바, 말은 한강의 기적이라 하면서도 거의 아무도 그 시대를 제대로 참고해야 할 시대로 보지 않았다는 사실이다.

한강의 기적이라는 말마저도 우리의 주장이 아니라 외국이 그렇게 불러주니 그냥 덩달아 그렇게 부르게 된 것에 불과하다. 지난 30여 년 넘게 한국은 그저 박정희 반대로 하는 것이 선진국 가는 길이라며 박정희 시대 지우기에 애를 썼으니, 한강의 기적이 실제 무엇이고 어떻게 가능했던 것인지에 대한 연구가 제대로 되었을 리 없었다. 그러니 저개발 국가들은 한강의 기적의 핵심 원리를 전수받지 못하고 단순히 개발연대 정책들의 껍데기만 배워가는 셈이 되는 것이다. 당연히 이런 바탕에서 추진된 지식공유사업이 큰 성과를 내기란 어려운 것이다.

더구나 같은 맥락에서 박정희 시대가 인류 역사상 세계 최고의 포용적 동반성장 시대였다는, 이미 공인된 사실을 조금이라도 인지하고 있다면 지금의 정부처럼 박정희 시대에 성장한 대기업들을 청산하는 것이 포용적 성장의 길이라는, 실제에 맞지도 않는 이론과 주장은 할 수 없을 것이다. 그리고 그 이론을 토대로 하는 그런 정책도 감히 추진하지는 못할 것이다. 그렇다면 도대체 '한강의 기적'은 무엇이며 어디서 온 것인가? 그리고 이로부터 무엇을 배울 수 있는 것일까?

본서는 바로 경제학이 갖고 있는 발전경제학으로서의 한계를 극복한 '경제발전의 일반이론'을 바탕으로 한강의 기적을 바로 이해하고 해석함으로써 저개발 국가의 경제적 도약을 가능케 할 정책 모델을 제시하고자 했다. 물론 이 모델은 성장 정체와 양극화에 빠진 선진국들이나 저성장과 분배 악화에 빠진 한국경제의 재도약을 위해서도 유용한 정책대안으로 활용할 수 있다. 나아가 이 모델은 오늘날 세계 최빈국으로 전락한 북한이 한강의 기적과 같이 경제 도약을 통해 '대동강 기적'을 이룰 수 있는 최적의 정책대안이 될 수 있다고 주장한다. 또한 우리는 본서가 경제적 도약 혹은 재도약을 이루려는 나라들에 경제정책 지침서가 되기를 바랄 뿐만 아니라 한국의 해외 지식공유사업에 참여하는 경제전문가들의 참고 자료나 대학의 경제발전론 과정의 교재로도 활용될 수 있으리라 생각한다.

한편 이 책의 논지를 전개함에 있어서는 저자들의 저작들에 기초하여 새로운 내용과 해석을 제시하고 있으며 구체적 출처는 일일이 밝히지 않았다. 기존 저작에 대해서는 참고문헌을 참고하기 바란다. 마지막으로 우리는 이 책이 박정희 대통령 기념재단이 주관한 '박정희 대통령 탄생 백 주년 기념 연구' 출판 사업의 일환으로 출간하게 된 것을 뜻깊게 생각하며, 출판을 담당한 기파랑에도 감사를 드린다.

목차

저자 서문   4

서론 경제발전의 열쇠를 찾아서   13

제1장 저개발 국가의 경제개발 실패 경험
  1. 저개발 국가의 추격(catch-up) 실패   27
  2. 남미의 수입대체 산업화 실패   32
  3. 아프리카의 실패와 원조의 덫   38
  4. 동남아 국가들의 중진국 함정   44
  5. 저개발 국가 경험으로부터의 시사점   49

제2장 기업부국의 자본주의 경제발전론
  1. 경제발전의 일반이론: 삼위일체 경제발전론   55
    (1) 경제적 차별화, 경제발전의 동인(動因)   56
    (2) 경제적 차별화 장치로서의 시장   58
    (3) 시장차별화 실패의 교정자로서의 기업   60
    (4) 경제발전을 위한 정부의 역할: 경제적 차별화   61
    (5) 삼위일체 경제발전론 요약   63
    (6) 정치와 경제발전: '정치의 경제화'와 '경제의 정치화'   64
  2. 기업경제론   65
    (1) 자본주의의 정수(精髓)는 기업경제(Corporate Economy) 65
    (2) 기업의 역할: 경제적 차별자와 시장 확대자   69
  3. 기업 성장과 경제발전, 그리고 포용적 동반성장   72

제3장 저개발 국가 성장 모델로서 한강의 기적에 대한 이해

1. 한국의 산업화: 동반성장의 기적   81
2. 박정희 시대 정책 체제에 대한 새로운 해석: 신 경제발전론의 관점   85
3. 관치 차별화를 통한 '경제의 시장화(市場化)' 전략   88
4. 산업정책의 중요성 입증   91
5. 관치 차별화 산업정책의 성공사례   97
   (1) 수출우량기업만 우대한 수출진흥정책   99
   (2) 자조(自助)하는 마을만 지원한 새마을운동   104
   (3) 우량 대기업만 참여시킨 중화학공업 육성정책   107
   (4) 차별화 원리를 실천한 중소기업정책   109
6. 기업육성 전략   110
7. 박정희 시대의 정치의 경제화   117

제4장 저성장과 분배 악화 속의 한국경제와 선진국의 과제

1. 한국 경제성장 추락의 배경과 해법   125
   (1) 한국경제의 부진   125
   (2) 구조적 저성장의 원인: 평등주의적 기업정책   130
   (3) 현 정부의 평등주의적 경제정책의 해악   135
   (4) 저성장 극복을 위한 정책 방향   139
2. 선진국의 저성장과 양극화 극복을 위한 과제   143

제5장 새로운 경제발전정책 모델

1. 경제제도와 경제발전　　　　　　　　　　　149
　(1) 경제제도의 의미와 역할　　　　　　　　150
　(2) 경제적 차별화의 제도화, 경제발전의 전제　152
2. 정치의 경제화와 자조의식 개혁　　　　　　154
3. 발전친화적 경제 운용　　　　　　　　　　158
　(1) 경제적 차별화 원리에 기초한 불균형 성장전략　158
　(2) 발전친화적 산업정책 매뉴얼　　　　　　161
　(3) 기업부국을 위한 기업육성정책 매뉴얼　　163
　(4) 산업(기업)금융의 원활한 공급　　　　　　167
4. 발전친화적 사회정책　　　　　　　　　　169
5. 준칙 중심의 거시경제정책　　　　　　　　170

제6장 한강의 기적에 무임승차한 중국의 도약과 한계

1. 사회주의를 벗어던진 선부론　　　　　　　175
2. 집단농장을 해체한 자본주의적 임대경영 농업　179
3. 사회주의 국유제도를 극복한 토지이용권 제도와 그 한계　181
4. 사회주의를 강화한다?　　　　　　　　　184

제7장 북한 경제발전 전략: 대동강의 기적은 가능한가?

1. 북한의 경제개발 동향 개관	191
(1) 북한의 경제개발계획과 한계	192
(2) 북한의 시장화 동향	198
2. 대동강 기적 모델의 대전제	200
3. 남북한 경제 격차와 대동강 기적의 필요성	202
(1) 남북한 경제 비교와 격차	202
(2) 대동강 기적의 필요성	205
4. 한강의 기적을 대동강의 기적으로	208
(1) 중국과 베트남 성장 모델의 교훈	208
(2) 박정희 기업부국 모델을 대동강 기적의 모델로	216
(3) 남북경협의 새로운 패러다임	220
(4) 대동강 기적 실현에 따른 북한 경제 성장전망	221
5. 남북 공동번영의 길과 북한의 선택	225

결어 기업부국으로 세계경제영토 확보에 나서야   231

참고문헌   241

저자소개   250

일러두기

중국 인물명은 중국식으로, 나머지는 한자음으로 표기하였음을 알려드립니다.

경제발전의
열쇠를 찾아서

경제발전의
열쇠를 찾아서

지구상에는 200여 개의 국가들이 있지만 이들 중 이런저런 기준으로 선진국으로 분류할 수 있는 국가들은 30여 개국에 불과하다.[1] 나머지 대다수 국가들은 '개발도상developing' 또는 '저개발underdeveloped' 국가로 분류된다. 근대적 국가의 등장 이래 대부분의 저개발 국가들은 '저개발' 단계에서 벗어난 적이 없다. 저개발 국가들 중 극소수만이 산업화에 성공하여 선진국으로 진입하는 데 성공하였다. 한국이 그 대표적인 사례다.

한국보다 먼저 산업화에 시동을 걸고 경제개발에 국가적 노력을 기울였던 많은 저개발 국가들이 있었지만 대부분 성공하지 못하였다. 남미의 경우 막대한 천연자원을 경제개발의 원천으로 삼고 산업화를

---

1 IMF, World Bank 등 국제기구마다 서로 다른 기준으로 선진국(Developed Economies)을 'Advanced Economies' 혹은 고소득 국가(High-income countries) 등으로 분류하고 있는데 대개 30여 개국이 이 분류에 포함된다.

추진하였지만 성공하지 못했다. 또한 유럽 국가들의 식민지에서 벗어난 이후에도 계속 빈곤에 시달리고 있는 아프리카 국가들의 경우 수십 년간 엄청난 규모의 국제원조를 받아 왔지만 이를 산업화로 결실 맺지는 못하였다. 동남아 국가들의 사정도 크게 다르지 않다. 캄보디아, 라오스 등 일부 국가들은 최빈국 수준에서 벗어나지 못하고 있고 한때 성장 전망이 밝았던 말레이시아, 태국, 인도네시아 등의 국가들은 소위 '중진국의 함정'에 빠져있는 상황이다. 1960년대 동남아시아 부국 중의 하나였던 필리핀은 이제 중진국의 말석도 위태로운 처지가 되었다. 또한 개혁·개방 이후 상대적으로 높은 성장률을 보여 온 베트남도 아직은 산업화를 이루었다고 말할 수는 없는 단계이다.

이렇듯 많은 국가들이 경제 도약에 실패 또는 성장부진을 겪고 있는 가운데 수십 년의 식민 지배를 겪고 곧이어 전쟁까지 겪은 한국이 단기간 내에 산업화에 성공하여 이제 막 선진국에 진입했다는 것은 매우 이례적인 사건이다. 그렇기 때문에 이 압축성장의 과정을 '한강의 기적'이라고 부르는 것이다.

경제성장을 통한 산업화는 왜 이렇게 어려운 일인가. 주류경제학은 1930년대부터 경제성장에 대한 이론적 체계가 정립되고 발전해 왔지만 저개발 국가에서 선진공업국으로의 도약이 어째서 이렇게나 어려운지에 대해서는 충분히 설명하지 못한다. 주류경제학 성장이론의 핵심 모델인 생산함수에 따르면 자본, 노동 등 생산요소들을 증가시키면 생산량도 자동적으로 증가, 즉 성장을 하게 된다. 하지만 생산요소들의 기계적 결합을 통해 생산량이 결정되는 생산함수로는,

풍부한 노동력과 많은 자본 투입에도 불구하고 경제 도약을 이루지 못한 많은 나라의 실패를 설명하지 못한다.

한편 주류경제학계는 반反시장적 성장전략(예를 들어 보호주의 산업정책)을 저개발 국가의 실패 원인으로 꼽아 왔다. 그래서 소위 '워싱턴 컨센서스Washington Consensus'가 저개발 국가들이 겪는 경제적 어려움에 대한 처방으로 등장하게 되었다. 하지만 시장자유화, 시장개방 등을 주 내용으로 하는 이 처방도 성공적인 결과를 낳지는 못했다. 시장 중심의 주류경제학은 선진국들이 오랜 세월에 걸쳐 성장해온 역사를 바탕으로 시장이 모든 경제문제의 해결책이라는 사상을 정립하였으나 이를 바탕으로 한 개발이론이나 정책들은 아직도 빈곤국의 경제발전에 크게 기여하지 못하고 있다. 본서가 후술하건대 제2차 세계대전 이후 개발 노력에 실패한 대부분의 저개발 국가들의 경험이 이를 방증하고 있다.

무엇이 문제인가? 경제발전의 경험은 200~300년 이상 장기간에 걸쳐 진행된 서구 선진국들의 점진적 성장 과정과 동아시아의 후발국들처럼 약 50년 이내의 단기간 압축 성장과정이 혼재하고 있는데, 주류경제학은 바로 전자의 역사적 경험을 기준으로 쓰였기 때문이다. 물론 장기성장의 백미는 영국의 산업혁명이라 할 수 있고 압축성장의 백미는 역시 '한강의 기적'이라 불리는 한국의 산업혁명이라 할 수 있다. 주류경제학은 아직도 한국을 포함한 일본, 대만, 싱가폴, 중국 등의 동아시아 성장 경험을 예외적 현상으로 치부하고 있다. 결국 주류경제학은 역사적 경험의 반쪽만을 설명하는 학문으로 도그마화

化된 셈이다.

지구는 산과 계곡과 평야가 어우러진 곳이다. 만일 지구 표면을 늘려 펼치면 산과 계곡의 주름이 사라지고 평야만 남을 것이다. 비유하자면 압축성장 과정은 산과 계곡을 남기지만 장기적 성장과정은 산과 계곡의 흔적이 너무 미미한 평야만을 남길 뿐이다. 장기성장 경험에 기초한 주류경제학은 산과 계곡이 뚜렷이 보이지 않아 평야밖에 보이지 않으니 그냥 무시해도 된다고 생각하지만 사실은 산과 계곡 없이 성장은 일어나지 않는다는 진실을 압축성장이 보여주고 있는 셈이다. 산과 계곡이란 바로 주류경제학이 무시하는 정부의 역할과 기업의 경제발전 역할이다.

이는 마치 학문의 신新 패러다임으로 대접받지 못하던 진화론이 오늘날 보편 과학으로 자리매김하는 과정에서 연구되었던 갈라파고스의 작은 새(다윈의 핀치)와도 같다. 20세대 이상에 걸친 핀치finch의 압축적, 반복적 진화 과정 연구가 수억 년에 걸친 진화의 전全 과정에서 유실된 맥락들을 비로소 채워주게 된 것이다. 한국을 포함한 동아시아의 압축성장 역사는 시장 중심 경제학이 미처 보지 못했던 경제발전의 유실된 맥락인 산과 계곡, 즉 정부와 기업의 역할을 찾아내주었다. 그럼으로써 그동안 반쪽자리 이론에 머물렀던 시장 중심 주류 경제발전이론이 이제 일반이론으로 재정립되는 계기를 제공한 셈이다.[2]

이 책은 빈곤에 허덕이는 전 세계 저개발 국가들이 어떻게 자력으

---

2 이상의 산과 계곡, 평야의 비유와 진화론 이야기는 Jwa(2017a) 참조.

로 경제적 번영을 이룰 수 있는지 그 해법을 제시하고자 하는 목적을 가지고 있다. 우리가 주목한 것은 바로 이 일을 가장 성공적으로 실현한 한국의 한강의 기적이다. 강력한 보호주의 정책은 물론 시장자유화 정책도 저개발 국가들의 경제 도약을 이끌어내지 못했기 때문에 아시아 소국小國에 불과한 한국이 식민 지배와 전쟁의 폐허를 딛고 이룩한 경제발전 경험은 심도 있게 고찰해야 할 소중한 경험이다. 30여 년 만에 무에서 유를 창출한, 그것도 당대 최고의 포용적 동반성장을 실현하여 지금 세계 10대 경제 강국의 터전을 놓은 한국형 산업혁명 모델이 그 해법이 될 수 있다는 생각이 이 책의 바탕이 되었다.

압축성장의 백미로서 한강의 기적은 바로 시장도 중요하지만 정부도 중요하며 나아가 시장을 확대하는 기업의 역할이 중요함을 웅변적으로 보여주고 있다. 이는 다른 동아시아의 압축성장 경험은 물론 미국 등 서구의 후발 선진국들의 영국 추월 과정에서도 발견되는 현상이다. 특히 시장 중심의 주류 경제사상 관점에서 백안시되는 정부의 역할이 동아시아의 압축성장 과정에서 중요한 부분을 차지하였다는 역사적 사실을 고려할 때 우리는 '시장만의 힘으로 경제발전은 어렵다'는 명제를 논하지 않을 수 없다.

이런 관점에서 동서양의 압축성장과 점진적 성장의 경험을 이론적으로 통합하여 구축한 저자의 졸저, 『경제발전의 일반이론*A General Theory of Economic Development*』[3](이하 '일반이론')을 바탕으로 박정희 대통령 시대

---

3 Jwa(2017).

의 경제발전 경험을 저개발 국가 성장전략으로 활용할 수 있도록 체계화하고자 한다. 즉 이 책을 통해 '한강의 기적'을 낳은 박정희 개발연대를 새로운 성장 패러다임으로 이론화·체계화하여 저개발 국가의 성장전략으로 활용하고자 하는 것이다. 또한 우리가 이 책을 통해 전달하고자 하는 메시지는 저개발 국가에만 해당되는 것이 아니다. 박정희 성장 패러다임은 성장 정체에 시달리는 선진국들에게도 성장의 모멘텀을 찾을 수 있는 열쇠가 될 수 있다고 믿는다. 이러한 관점은 상기한 저자의 『일반이론』의 응용서인 『한국경제발전의 흥망성쇠: 선·후진국 경제에 대한 교훈*The Rise and Fall of Korea's Economic Development: Lessons for Developing and Developed Economies*』[4]에서 논의한 한국경제발전 경험에 대한 연구로 뒷받침되고 있다.

우리는 박정희 성장 패러다임을 '기업부국 패러다임'으로 명명하고자 한다. 후술하겠지만 **정부, 시장, 기업이 '경제적 차별화'의 원리를 관철하면서 기업 주도의 산업화를 달성하는 것이 '기업부국 패러다임'의 요체이다. 박정희 성장 패러다임의 핵심에는 '기업'이 있다.** 박정희 정부는 경제정책 입안과 그 추진에 있어 민간기업을 가장 중요한 플레이어player로 삼았다. 이것이 다른 저개발 국가들의 산업화 전략과 다른 점이었다.

많은 저개발 국가들의 경우는 국가 주도로 산업화를 추진하면서 말 그대로 '국가'가 경제활동의 주체로 나섰다. 저개발 국가에서 흔

---

4 Jwa(2017).

히 보이는 비효율적인 거대 국영기업 또는 공기업들이 그 역할을 맡았다. 이는 사회주의 국가들의 경우도 마찬가지였다. 하지만 박정희의 경우는 민간기업이 성장의 주역이 되도록 하였다. 지금 한국의 글로벌 대기업들은 대부분 그 당시 박정희 개발연대의 주역으로 활동하면서 성장해 온 것이다. 이 책에서는 남미, 아프리카, 동남아 국가들의 경제개발 실패 과정을 살펴보고 기업부국 패러다임에 입각하여 그 원인을 진단, 새로운 성장전략을 제시한다. 우리는 저개발 국가뿐만 아니라 중진국 수준에는 도달했지만 더 높은 단계로의 성장은 하지 못하는, 소위 '중진국 함정'에 빠진 국가들의 문제점에 대해서도 논의한다.

한편 근래 한국의 저성장 고착화는 저개발 국가에 반면교사로서 의미를 가진다. 박정희 개발연대는 롤모델로, 근래의 한국경제는 본받지 말아야 할 사례로 설명할 수 있다. 1980년대 중후반부터 '경제적 차별화' 원리에 반하는 기업정책들이 본격적으로 등장하였고 이것이 한국 저성장의 근본 원인임을 지적하며 저성장 극복을 위한 정책 방향도 논의하고자 한다. 더 나아가 이를 기초로 성장 정체의 어려움을 겪고 있는 선진국에 대한 교훈도 제시하고자 한다.

또한 박정희 성장 모델을 적용할 수 있는 저개발 국가에 북한이 빠질 이유가 없다. 그동안 북한은 핵 개발 추진과 동시에 경제개발에도 나름대로 노력을 기울여 왔다고 알려져 있다. 하지만 북한의 이런저런 개발계획과 추진 의지에도 불구하고 정책적 성과는 사실상 거의 없다고 볼 수 있다. 물론 근래 급속히 확산된 장마당이 기존의 배급체계를 대체하면서 자생적 경제질서가 조금씩 자리 잡고는 있지만 이를 시장경제의 정착이라고 얘기할 수는 없을뿐더러 경제성장을 이 끄는 산업화의 전조前兆라고도 보기는 더욱 어렵다. 현 정부는 남북경 협을 통해 소위 '대동강의 기적'이 가능하다고 공언하고 있지만 '퍼주기 식' 또는 개성공단, 금강산 관광과 같은 이벤트성 남북경협으로 는 북한 경제를 산업화로 이끄는 '대동강의 기적'을 기대할 수는 없다. 이 점은 저자들의 대동강 기적의 가능성에 대한 최초의 연구[5]에 서 이미 지적한 바와 같다.

이 책에서는 북한 경제의 현 상황과 한계를 살펴보고 저개발 국가로서의 북한이 경제성장을 위해 해야 할 과제들도 살펴본다. 이 과 정에서 흔히 북한의 성장 모델로 거론되는 중국과 베트남 모델의 한 계에 대해서도 논의하고자 한다. 통계를 보면 현재 북한 경제수준은 한국이 경제개발을 막 시작하던 1960년대 초와 비슷하다고 볼 수 있 다. 이 책에서는 북한이 만약 박정희의 '기업부국 패러다임'을 충실 히 수행할 경우 얼만큼 빠르게 성장할 수 있을까에 대한 모의실험도 제시하고자 한다.

이 같은 내용을 중심으로 이 책은 다음과 같은 목차로 구성된다. 서론에 이어 제1장에서는 저개발 국가의 실패사례를 소개하고 제2 장에서는 박정희 성장 패러다임의 이론적 배경으로 경제발전의 일반 이론을 설명한다. 제3장은 저개발 국가 성장 모델로서 한강의 기적

---

5 좌승희(2015); 좌승희 외(2015a).

을 분석하며 제4장에서는 저성장과 분배 악화 속의 한국경제와 선진국에 대한 과제를 제시한다. 제5장에서는 한국의 산업화 성공 경험을 기초로 저개발 국가의 성장 모델을 모색하고 제6장에서는 한국의 성공모델을 배워 성과를 낸 중국의 사례와 그 한계에 대해서 논의한다. 제7장에서는 저개발 국가로서의 북한에서 대동강 기적의 가능성과 그 성공 조건을 검토하고 결어에서는 기업부국 패러다임이 곧 세계경제 영토 확장 전략이라는 점을 강조하면서 끝을 맺는다.

저개발 국가의 경제개발 실패 경험

1. 저개발 국가의 추격(catch-up) 실패

2. 남미의 수입대체 산업화 실패

3. 아프리카의 실패와 원조의 덫

4. 동남아 국가들의 중진국 함정

5. 저개발 국가 경험으로부터의 시사점

저개발 국가의
경제개발 실패 경험

1. 저개발 국가의 추격catch-up 실패

제2차 세계대전이 끝난 후 대다수의 저개발 국가들은 국가적 차원에서 산업화Industralization 달성을 위한 대열에 뛰어들었다. 제국주의 시대를 거치며 산업화 없이는 국민생활의 획기적 향상은 물론, 냉혹한 세계질서 속에서 국가의 생존을 장담하기가 어렵다는 사실을 깨달았기 때문이다. 특히 제2차 세계대전 이후 대다수 신생 독립국가는 빠른 시일 내에 경제적 자립을 확보하고 정상적인 국가로 자리매김해야 하는 입장이었고 이를 위해서라도 산업화가 절실하였다. 특히 일본과 같은 경우는 전전戰前 후발 공업국으로서 서구 선진국을 추격catch-up하는 데 성공하였으며 패전 이후에도 선진국으로 빠르게 재도약한 선례를 남겨 많은 저개발 국가에 희망을 주는 듯하였다. 하지만 전후戰後 70여 년이 지난 지금 대부분의 국가가 그리 만족할 만한 경제적 성과를 보이지 못한 것은 사실이다. 많은 국가가 경제적 자립을 보장할 만한 산업화를 달성하지 못하였고 선진국과의 격차도 줄이지 못했으며 일부 국가의 경우 그 격차는 더욱 확대되었다.

1990년대의 세계화 확산과 함께 동남아시아, 동유럽 등 일부 저개발 국가와 전환경제의 성장세가 두드러졌지만, 이는 저개발 국가가 외국인투자 유치를 통해 선진국의 생산기지 역할을 하면서 얻어진 결과가 대부분이었고 자체적인 산업 경쟁력 확보를 통해 이룬 예는 많지 않다. 물론 외국기업 유치로 일자리를 창출하고 기술이전을 통해 생산성을 높이는 등 일련의 활동 역시 산업화의 한 과정이라 할 수 있다. 하지만 다국적 기업에 의존한 산업화는 그 한계가 뚜렷하다. 글로벌 생산 네트워크를 가지고 있는 기업은 임금 등 생산비용이 낮은 곳을 찾아 이동하기 마련이므로 보다 나은 대체지가 있다면 기존의 생산기지가 있던 저개발 국가를 언제든 떠날 수 있다. 따라서 자국 산업의 독자적 생산능력을 확보하지 않는 한 외국기업 생산기지의 역할만으로는 진정한 소득증대와 산업화 달성이 어려워 소위 중진국 함정에 빠질 위험이 높다.

본 장에서는 그동안 저개발 국가들의 산업화 전략과 성공에 도달하지 못한 이유에 대해 고찰해보고자 한다. 논의 대상으로는 특정 국가를 상정하기보다 대표적인 그룹, 즉 남미, 아프리카, 그리고 동남아를 고려하기로 한다. 남미와 아프리카는 저개발 국가들이 집중적으로 모여있는 가장 큰 대륙이고 서로 상이성과 유사성을 동시에 가지고 있다는 점에서 비교의 의미가 있다.

한편 동남아의 경우는 남미, 아프리카와 달리 초빈국에서는 탈출했으나 중진국 함정에서 못 벗어나는 또 다른 실패 케이스로 살펴보고자 한다.

우선 남미와 아프리카 주요 국가들의 비교적 근래의 경제 성적은 실망스럽다. 1980년부터 2016년 최근까지 인당 실질GDP 수준을 보면 선진국과 남미, 아프리카 국가들 간의 격차는 전혀 줄어들고 있지 않다. 아래의 그래프들은 이 같은 사실을 잘 나타내고 있다(그림 1, 2 참조).

선진국advanced Economies[6]과 남미Latin America & the Caribbean, 아프리카 국가Sub-Saharan America의 인당 실질GDP를 비교해보면 지난 수십 년간 그 격차는 줄어들기는커녕 오히려 확대되고 있다. 달리 말해 남미와 아프리카 저개발 국가들의 성장 속도가 성숙한 선진국 경제의 성장 속도보다 빠르지 않다는 것이다. 1981~2016년 인당 실질GDP 연평균 성장률을 살펴보면 1.70%를 기록한 선진국과 달리 남미는 0.78%, 아프리카는 0.72%에 불과하였다. 그 결과 선진국과 남미, 아프리카 간의 소득격차는 1980년에 비해 2016년에 이르러 2배 이상 확대되었다.

반면 산업화에 성공한 한국은 사실상 고도성장기를 끝낸 1980년대 이후에도 지속적 성장을 이루어(1981~2016년 인당 실질GDP 연평균 성장률 5.57%) 선진국 그룹 진입에 이르렀다. 선진국의 대표격인 미국과의 격

---

6 IMF가 정한 39개의 고소득 국가로 이루어진 그룹으로서 한국도 포함된다.

그림 1 선진국, 남미, 아프리카의 인당 실질GDP 추이

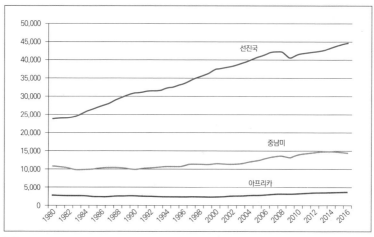

IMF

그림 2 미국과 한국의 인당 실질GDP 및 한미 간 격차 추이

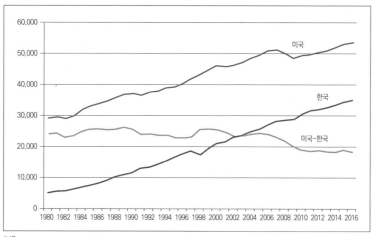

IMF

차를 보면, 1980년 미국과 한국 간의 인당 실질GDP 차이는 24,192 달러였으나 2016년에는 그 격차가 18,386달러로 줄었다.

이 책에서 논의하는 한국의 성장 모델은 1980년대 이전에 작동하였던 개발연대 성장 모델이다. 한국의 개발연대 고도성장기는 박정희 대통령의 재임 기간 1961~1979년이라 할 수 있다. 개발연대 이후 여러 난관이 있었음에도 한국경제가 지속적인 성장을 이룰 수 있었던 것은 산업화 성공이라는 튼튼한 토대가 있었기 때문이다. 한편 다른 저개발 국가들의 경우 1950년대부터 1970년대까지 추진한 산업화 정책이 별다른 성과를 내지 못하였고, 1980년대에 들어서는 외채위기로 인해 제대로 된 산업화 전략을 추진할 수 없었다.

1980년대 많은 저개발 국가의 어려움은 그 이전 산업화 정책의 실패와 무관하지 않다. 그리고 1980년대의 추락 그 자체가 이전 경제개발 정책의 실패를 증명하는 것이라 할 수 있다. 대다수 저개발 국가의 경우 해외차입을 활용하여 경제개발 정책을 추진하였으나 실질적으로 뚜렷한 성과는 없었고 외채만 누적됨에 따라 1980년대의 외채위기가 초래되었다. 이 위기를 벗어나는 과정에서는 적극적인 산업화 정책 추진이 어려웠기 때문에 산업화가 더욱 지체되는 악순환을 맞았다. 세계은행 등 국제금융기구들이 저개발 국가의 외채위기를 해소하기 위해 구조조정 차관을 제공하면서 '조건conditionality'을 부과하였고, 이 조건들은 소위 '워싱턴 컨센서스Washington Consensus'라는 불리는 시장 자유화 조치(긴축재정, 시장 개방, 민영화, 가격자유화 등)로 요약되었다.

문제는 워싱턴 컨센서스를 충실히 준수한다고 하여 산업화를 이루고 빈곤 탈출과 경제적 도약이 과연 가능할 것인가 하는 것이다. 그렇지 않다는 것은 1980년대 많은 저개발 국가의 경제 성적을 보면 알 수 있다. 즉 워싱턴 컨센서스에 입각한 구조조정이 해당 국가를 경제성장으로 인도하지 않았던 것이다. 많은 저개발 국가가 정부 주도와 시장 주도의 정책 실험을 다 경험하였지만 산업화를 통한 경제 도약에는 성공하지 못했다. 그렇기 때문에 한국의 성공 경험은 산업화를 추진하는 저개발 국가에게 중요한 롤모델이 될 수 있다.

2. 남미의 수입대체 산업화 실패

1960년대에 들어서야 산업화에 시동을 건 동아시아에 비해 남미의 주요국은 제2차 세계대전 직후부터 본격적으로 산업화를 추진하기 시작했다. 남미의 산업화 정책은 수입대체 산업화Import Substitution Industralization, ISI로 대표된다. 사실 남미의 수입대체 노력은 세계대전 와중에도 진행되었다. 이는 전쟁으로 인해 주요 상품의 수입 자체가 불가능해짐에 따른 의도치 않은 결과였으며 실제로 정책적 의지를 가지고 수입대체 산업화를 시작한 것은 세계대전 이후였다.

남미 수입대체 산업화의 이론적 대부는 UN의 ECLAEconomic Commission for Latin America 책임자였던 라울 프리비쉬Raul Prebisch였다. 프리비쉬와 그를 따르는 일군의 경제학자들은, 선진 공업국과의 거래에서 남미 국가들이 이득을 얻기란 어려운 일이므로, 경제발전을 위해서는 수입대체 산업화를 통한 경제자립이 필요하다고 주장하였다. 또한 규모의 경제를 확보하기 위해서는 세계시장에 편입되기보다 남미 국가들 간 경제통합이 필요하다는 입장이었다. 이들의 주장이 이론화된 것이 '종속이론Dependency Theory'이었다. 이 이론에 따르면 세계경제를 구성하는 국가들은 '중심부'와 '주변부'로 나누어진다. 서구 선진 공업국들로 이루어진 중심부 주도의 세계 자본주의 체제 속에 저개발 국가들로 이루어진 주변부가 편입될 경우 주변부는 중심부에 종속될 수밖에 없다는 이론이다.

한편 당시 많은 저개발 국가가 수입대체 산업화를 채택하게 된 배경에는 정치적 영향도 상당했다. 전후 1960년대까지 약 100여 개의 국가가 식민 지배로부터 해방되어 독립국가가 되었다. 제국주의 식민 지배를 경험하거나 목격한 여러 저개발 국가들은 선진 공업국에 대한 일종의 '트라우마'가 있었고, 그로 인해 이들과의 교역은 상호 이익 증진이 아닌 일방적 착취로 귀결될 수 있다는 두려움이 있었다. 게다가 1930년대 대공황으로 고통 받던 서구 자본주의와는 달리 견조한 성장세를 이어 나간 것으로 평가받던 소련의 사례도 저개발 국가들이 수입대체 산업화를 선호하게 만드는 요인이 되었다.[7] 또한 식민지 시절의 주요 독립운동 세력들 중에는 사회주의 계열이 많았는데, 독립 후에는 이들이 신생국의 중추 세력으로 자리매김하면

---

7 과거 소련의 공식 통계는 경제적 성과를 과장하는 경향성이 있던 것으로 알려져 있어(Fischer, 1994) 신뢰성을 가지지 못하기 때문에 소련의 과거 성장에 대한 연구는 서구권에서 제시하는 추정치에 의존하고 있는 것이 일반적이다. 이들 추정치에 의하면 제2차 세계대전 이전의 소련 경제는 견조한 성장세를 보인 것으로 알려져 있으며 대표적으로 오퍼(Ofer, 1987)는 1928에서 1940년까지 소련의 GNP는 연평균 5.8% 성장한 것으로 추정하였다. 하지만 이것마저도 신뢰할 만한 숫자인지에 대해서는 의문이 있다.

서 그 나라의 노선도 사회주의적 성향을 띠게 되었다. 결국 식민지의 경험, 소련을 종주국으로 한 공산주의의 확산 등의 영향을 받아 저개발 국가 대다수가 정치적으로 반反 선진국 경향을 취하였고, 경제적으로는 '자립경제'를 확립하여 세계 자본주의의 영향으로부터 벗어나고자 하였다.

수입대체 산업화는 유치산업infant industry 보호론과 불가분의 관계를 가진다. 유치산업이란 현재는 비교열위comparative disadvantage에 있으나 일정 정도의 보호를 거쳐 장래에 비교우위로 전환될 수 있는 산업을 의미한다. 유치산업 보호를 위해서는 보호무역정책을 쓸 수밖에 없는데 이에 대해서는 사회적 비용이 발생하게 된다. 하지만 유치산업이 국제경쟁력을 갖출 정도로 성장할 경우 생산력과 고용 증대 등의 사회적 이익을 가져오고 이 사회적 이익이 보호무역으로 인한 사회적 비용을 초과할 경우 유치산업 보호는 정당성을 가지게 된다. 이를 유치산업의 동태적 효율성이라 한다. 결국 수입대체를 위해 유치산업을 보호·육성하여 종국에는 국제경쟁력을 갖춘 산업으로 키운다는 전략이 수입대체 산업화 전략이다.

수입대체 산업화 전략에 있어 첫 번째 단계는 전략산업의 선정(즉 유치산업의 선정) 문제이다. 이상론적으로는 전후방 연관효과가 높으면서 향후 경쟁력 확보가 가능한 산업을 선정하는 것이 바람직하다. 이런 산업일수록 '경쟁력 확보를 통한 사회적 이익'이 '보호로 인한 사회적 손실'보다 높은 경우가 많기 때문이다.[8] 하지만 정부가 사전적事前的으로 어떤 산업이 향후 성공할지 알기는 어렵고 전후방 연관효과가 높은 산업일수록 고도화된 기술력이 요구되기 때문에 저개발 국가로 서는 신속한 경쟁력 확보가 어렵다. 이 같은 어려움 때문에 대부분의 저개발 국가는 수입대체 산업으로서 기술장벽이 낮은 소비재 산업을 선택한다. 이 경우 높은 수입장벽의 보호 아래 국내 소비재 산업이 생산과 시장 확대를 꾀할 수 있지만 이는 국내 소비자의 희생 위에 이루어질 수밖에 없다. 게다가 국내 시장이 협소할 경우 규모의 경제를 누릴 수 없어 효율성을 확보하기가 어렵다.

한편 소비재 생산이 늘어날수록 중간재와 자본재 수입도 동시에 증가하기 때문에 소비재 수입 억제로 개선된 무역수지는 중간재·자본재 수입 증가로 상쇄된다. 수입대체 산업화 전략을 채택한 많은 저개발 국가에서 무역수지 개선이 이루어지지 않은 것도 이 때문이다. 또한 낮은 국제경쟁력으로 인해 소비재 수출이 쉽지 않으므로 중간재·자본재 수입에 필요한 달러는 해외차입을 통해 조달할 수밖에 없게 되고 이에 따라 외채부담도 증가하게 된다. 이러한 악순환을 막기 위해서는 소비재 산업으로부터 점차 중간재·자본재로 수입대체, 즉 산업고도화가 이루어져야 한다. 하지만 중간재·자본재를 생산하기 위한 기술력은 쉽게 얻어지지 않는다. 소비재 산업에서 경쟁력을 확보하여 중간재·자본재 산업에 대한 투자여력을 확보해야 해당 산업이 요구하는 기술적 고도화를 달성할 수 있다.

소비재 산업의 전략산업 선정 후, 적절한 보호 아래 이 산업의 국

---

8 전략산업 선정 기준으로 여러 가지 기준들(Mill's test, Bastable's test, Kemp's test 등)이 제안되고 있지만, 향후 확보될 산업 경쟁력과 그로 인해 얻게 될 사회적 이익이 보호로 인한 사회적 손실보다는 큰 산업을 선정해야 한다는 기본 틀은 공통적이다.

제경쟁력은 물론 수출이 잘 이루어지게 되면 전략산업 육성 과정에서 짊어진 외채부담도 상당히 덜 수 있게 되며 산업고도화를 위한 투자여력도 확보할 수 있을 것이다. 하지만 그동안의 경험은 이 과정이 매우 어렵다는 것을 말해준다. 경쟁력은 시장경쟁을 통해 향상되기 마련인데 경쟁 제한적 환경 아래서 경쟁력을 향상시키는 것은 쉽지 않다. 그래서 산업에 대한 보호 수준을 산업의 생존이 가능하도록 하면서 생산성도 향상될 수 있도록, 적절한 경쟁 압력을 부과하는 수준으로 유지되어야 한다. 문제는 이 '적절한' 정부의 보호 수준을 정하기가 매우 어렵다는 것이다. 잘못될 경우 오히려 정경유착, 부패 등 저개발 국가의 전형적인 거버넌스 문제로 인해 전략산업에 대한 과잉보호가 이루어지고 그 결과 산업의 경쟁력 확보는 어렵게 된다. 결국 유치산업 성장과 국제경쟁력 확보가 가능한 다수의 어려운 성공 조건이 만족되어야만 수입대체 산업화 전략을 통한 경제성장이 성공하게 되는 것이다.

남미 국가는 수입대체 산업화 전략을 통하여 1961년에서 1980년까지 인당 실질GDP로 연평균 3.19% 성장하여 그리 나쁘지 않은 성적을 보였지만, 동 기간 동아시아의 연평균 4.26%에는 미치지 못하였다. 더 중요한 것은 남미 국가의 경우 장기간 국내 산업 보호를 통해서도 국제경쟁력을 확보하지 못했고, 그 결과 누적되는 외채를 줄이지 못했다는 것이다. 그리고 1980년대 들어 국제적 고금리 현상까지 겹치자 누적된 외채를 더욱 감당하지 못하는 상황까지 이르게 되어 국가 디폴트default에까지 이르는 외채 위기를 겪게 된다. 외채 위기를 겪은

표 1 국가 그룹별 인당 실질GDP 성장률

단위: %

국가 그룹	61-80 평균	81-90 평균	91-00 평균	01-16 평균
중남미	3.19	-0.55	1.44	1.44
동아시아 & 태평양	4.26	3.63	2.50	3.69
세계	2.69	1.35	1.32	1.54
한국	7.13	8.65	6.06	3.33

WDI, World Bank

1980년대 남미 국가들의 연평균 성장률은 -0.55%로 급격히 추락하였다.

다른 저개발 국가들과 마찬가지로 남미의 경우에도 수입대체 산업화 전략을 추진하면서 국영기업state-owned enterprise을 통해 전략산업의 성장을 달성하고자 하였다. 전략산업에 대한 시장 보호막을 도입한 후 국영기업에 집중 투자하여 해당 기업이 국제경쟁력을 갖춤으로써 산업화를 달성하고자 한 것이다. 충분한 재정적 여력이 없는 저개발 국가들은 기업투자에 소요되는 막대한 재원을 대부분 해외차입으로 충당하였고 이것이 나중에 외채위기의 근원이 되었다. 실제로 외채위기 당시 저개발 국가 외채의 80%는 공공부문에 의해 초래된 것이었다.[9] 후술하겠지만 이 점이 한국의 성장전략과 극명히 대비되는 부분이다. 다른 저개발 국가들과 달리 한국은 개발연대 시기의 성장을 민간기업이 담당하였고 민간기업의 해외차입에 대해 정부가 보

---

9 김우택 외(1984).

증을 서 주는 방식으로 투자재원을 조달하였다.

　어느 나라에서든 독점권을 보장받은 국영기업이 효율적으로 경영되는 것은 흔치 않다. 특히 저개발 국가의 경우 사회 전체의 청렴도 수준이 높지 않기 때문에 독점이익을 둘러싼 부패가 만연하기 마련이다. 이는 결국 기업 경영의 비효율성을 낳게 된다. 한 국가의 전략산업을 책임지고 있는 국영기업이 부패와 경영 비효율성에 쉽게 노출된다는 것은 그 나라의 산업화가 성공하기 어렵다는 것을 의미한다. 남미의 여러 국가들은 이 같은 경쟁력 낮은 국영기업들을 많이 보유하고 있었고 이 기업들이 주력산업들을 책임지고 있었다. 특히 1980년대의 외채위기로 구조조정을 겪은 이후인 1990년에도 아르헨티나는 300여 개, 브라질은 700여 개, 멕시코는 1,100여 개가 넘는 국영기업을 운영하고 있었다.[10]

3. 아프리카의 실패와 원조의 덫

　1950년대 후반과 1960년대 초반에 걸쳐 다수의 아프리카 국가가 식민 지배에서 벗어나 독립국이 되었다. 이들 신생 독립국도 남미 국가들과 마찬가지로 산업화를 위한 국가적 노력을 기울이기 시작하였으며 수입대체 산업화 전략을 추구한 것도 남미와 같았다. 산업화에 시동을 걸었던 당시 아프리카 국가들의 소득수준은 동아시아의 저개

---

10 Edwards(2009).

표 2 아프리카 주요국 인당 실질GDP 성장률

단위: %

국가그룹	61-80 평균	81-90 평균	91-00 평균	01-16 평균
아프리카	1.55	-1.55	-0.62	2.13
가나	-0.66	-0.77	1.64	3.64
나이지리아	2.47	-3.12	-0.64	4.34
케냐	2.79	0.37	-1.08	2.02
OECD	3.21	2.38	1.90	0.96

WDI, World Bank

발 국가보다도 높았다. 예를 들어 1965년의 가나Ghana는 한국보다 인당 소득 및 수출 규모가 훨씬 컸다. 하지만 남미와 마찬가지로 아프리카의 수입대체 산업화 전략도 실패로 끝났다.

수치로 보자면 1961~1980년 아프리카Sub-Saharan Africa 국가들의 연평균 인당 실질성장률은 1.55%로, 남미Latin America & Caribbean의 동기간 평균 성장률(3.19%)보다 낮았으며 OECD 선진국(3.31%)의 성장률에도 뒤졌다. 전 세계 많은 저개발 국가들에서 외채위기가 있었던 1980년대에는 아프리카의 성장률이 연평균 1.55%로 추락하였다. 1990년대 들어 외채위기에서 다소 회복되었던 남미와는 달리 아프리카는 1990년대에도 마이너스 성장(연평균 - 0.62%)에서 벗어나지 못하였다. 20여 년 동안 마이너스 성장을 하였으니 그 빈곤의 정도는 상상하기조차 쉽지 않을 지경이 되었다. 아프리카 경제는 2000년대 들어서야 회복되기 시작하여 2001년 이후 지금까지(2001~2016) 연평균 성장률 2.13%를 기록하고 있다.

아프리카의 수입대체 산업화 전략이 실패한 이유는 기본적으로 남미와 크게 다르지 않다. 하지만 아프리카가 남미와 구별되는 중요한 차이점은 막대한 원조를 상당 기간 제공받았음에도 실패하였다는 점이다. 남미도 국제기구 및 선진국으로부터 개발원조를 받아 왔지만 그 규모 면에서는 아프리카에 훨씬 미치지 못한다. 인당 순net ODA 수혜 추이를 보면 1960년대에는 남미와 아프리카 간의 격차가 그리 크지 않았지만 1970년대에 들어서면서부터는 양 대륙 간의 격차가 크게 벌어진다(그림 3 참조).

아프리카 저개발 국가들은 국제기구(World Bank, IMF 등)로부터의 대출과 막대한 원조를 재원 삼아 공기업 및 공공기관을 통해 수입대체 산업화를 추진하였다. 그러나 아프리카의 만연한 부패와 국영기업의 비효율로 인해 산업화 성과는 매우 저조하였고 특히 국영기업들은 아프리카의 부패와 정실주의에 자양분 공급 역할을 담당한 셈이 되었다.[11]

즉 해외로부터 조달된 자금이 산업화 추진에 효율적으로 활용되지 못하였고 자금 집행 과정에서 오히려 부패와 지대추구를 부추기는 꼴이 되었다. 실제로 다수의 실증연구는 대규모의 원조가 부패의 증가, 민주주의 후퇴의 원인이 된다는 결과를 제시하고 있다.[12] 국제원조를 많이 받았음에도 불구하고 산업화 성공 및 민주주의 향상을 이룩한 한국의 경우는 매우 예외적인 케이스인 것이다.

대對 아프리카 원조가 성과를 내지 못한 데에는 공여자의 책임도

---

11 Nzau(2010).

12 Svensson(2000); Knack(2004); Djankov et al(2005) 등.

그림 3 인당 순 공공개발원조net ODA 수혜액 추이

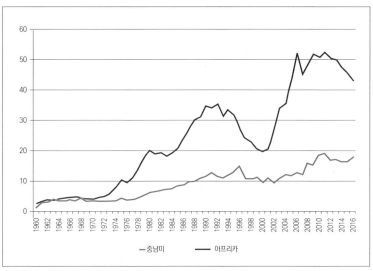

World Bank

부인하기 어렵다. 아프리카 원조의 상당 부분을 담당하고 있는 국제 개발기구는 원조가 효율적으로 사용될 수 있도록 그 집행 과정을 철저히 모니터링할 인센티브가 부족하다. 또한 원조의 성과에 대해서 책임을 지지도 않는다. 민간기업이나 선진국의 정부와는 달리 원조 공여 국제기구는 '시장의 평가market test', '선거 등을 통한 정치적 평가voter test' 등과 같은 책임에서 벗어나 있기 때문에[13] 원조 성과를 관리할 수 있는 인센티브도, 능력도 갖추지 못하였다.

　근래 들어 원조가 저개발 국가의 성장에 기여하지 못한다는 연구

---

13 Easterly(2005).

들이 다수 등장하면서 원조 효과에 대한 회의가 확산되었다. 그림 4
는 아프리카의 GDP에서 원조가 차지하는 비중과 실질소득 증가율
과의 반비례 관계로, 원조의 부정적인 측면과 비효율성을 보여주는
실증적 증거라 할 수 있다. 이와 같은 실증적 증거가 축적되면서 원
조 수원국受援國의 정책 방향과 제도적 여건이 원조 효과에 상당한 영
향을 미칠 수 있다는 인식이 확산되었다. 즉 원조를 성장과 빈곤 퇴
치에 효과적으로 사용할 수 있는 국가 거버넌스를 갖춘 나라와 그렇
지 못한 나라 간에는 원조의 효과가 다르다는 것이다. 이를 '조건부
원조 효과conditional aid effectiveness'라고 하는데 몇몇 연구들이 이를 뒷

그림 4 원조와 아프리카 성장률10-year moving averages

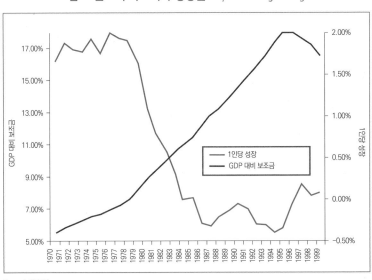

Easterly(2003)

받침하고 있다.[14] 그 결과 2000년대 들어서는 수원국의 제도적 상황에 따라 원조가 선별적으로 지원되는 경향이 강화되었다는 연구[15]도 제시되었다. 이러한 변화는 원조의 유형modality 변화로 이어져 저개발 국가의 제도 개선을 지원하는 것도 원조의 중요한 부분이 되어야 한다는 인식이 확산되었고, '제도적 역량 구축institutional capacity building'이 국제원조의 핵심적 목표 중 하나로 등장한 상황이다.[16]

한편 원조의 부작용뿐만 아니라 전후 신생 독립국 사이에서 유행한 사회주의도 아프리카의 실패에 상당한 영향을 미쳤다. 탈脫 식민 지배 투쟁을 이끌었던 대다수의 아프리카 독립 지도자들은 아프리카의 전통적 가치가 영국, 프랑스 등 서구 자본주의 국가들의 식민 지배에 의해 파괴되었다고 여겼으며, 독립 후의 최우선적 과제는 이 전통적 가치를 회복하는 것이라고 여겼다. 자족적self-sufficient 경제구조를 만들어 전통적 가치를 회복하고자 하는 아프리카 민족주의는 당시 유행하던 종속이론과 결부되면서 사회주의 성향을 강하게 띠게 되었다.[17] 모든 사회주의 국가들이 경험한 바대로 사회주의는 결국 아프리카에서도 경제적 성과를 내지 못하였다.

---

14 Boone(1994; 1996); Burnside and Dollar(2000).

15 Dollar and Levin(2006).

16 박복영(2014).

17 최근 Yoon(2019)은 1960~70년대 탄자니아의 사례를 통해 아프리카에서의 사회주의 확산이 경제발전을 저해했다고 지적하였다.

4. 동남아 국가들의 중진국 함정

남미와 아프리카 국가들의 실패사례와 달리 동남아의 일부 국가들은 또 다른 실패사례로 분류할 수 있다. 소위 '중진국 함정'에 빠진 일부 동남아 국가들이 이에 해당된다. 명시적으로 확립된 정의는 없지만 통상 '중진국 함정middle-income trap'이란 저소득 국가에서 벗어나 중진국 대열에는 진입, 그러나 이후 장기간 성장이 정체되어 고소득 산업국가로 성장하지 못하고 있는 경우를 말한다. 중진국의 범위에 대해서도 정해진 숫자는 없지만 IMF의 한 연구[18]에서는 인당 GDP 2,000~15,000달러 사이의 국가들을 중진국 범위로 정하고 있는데 대략 이 정도 수준으로 볼 수 있다.

말레이시아, 인도네시아, 태국 등이 대표적인 동남아의 중진국들이라 할 수 있는데 이들과 남미 또는 아프리카 국가들과의 차이점은 비교적 빠르게 수출주도 산업화 전략을 취하였다는 점이다. 동남아 국가들도 산업화 초기에는 수입대체 산업화 전략을 취하였지만 한계에 봉착한 후 수출주도 전략으로 전환하였다. 그럼에도 불구하고 저소득 국가에서 벗어난 후 성장의 속도는 더디었고 중진국에서 벗어나 산업화된 선진국으로의 진입은 성공하지 못했다.

이 국가들도 한국과 같이 낮은 인건비를 바탕으로 경공업 제품을 수출하여 산업화의 시동을 걸었다. 하지만 아래 그림(그림5 참조)에서

---

18 Aiyar et al(2013).

보듯이 한국과 주요 동남아 국가 간의 인당 실질소득은 1970년대 후반부터 격차가 크게 벌어졌고 한국은 고소득 국가 대열에 진입한 반면 말레이시아 등 주요 동남아 국가들은 중진국 대열에서 벗어나지 못하였다. 그 결과 한국은 기존 선진국과의 소득격차를 점차 줄여나갔지만 중진국 함정에 빠진 동남아 국가들은 그 격차가 점점 더 벌어졌다. 무엇이 이러한 차이를 가져왔는가?

이는 동남아 국가들이 한국과 마찬가지로 수출산업 육성전략을 추진하긴 했지만, 기업육성에는 성공하지 못했기 때문이다. 바로 이것이 한국과 결정적으로 다른 점이었다. 보통의 저개발 국가들과 마찬가지로 경공업 제품 수출로 산업화를 시작한 한국이 '중진국 함정'에 빠진 동남아 국가들과 다른 점은 다음 장에서 후술하는 바와 같이 수출 성과 우수 기업을 적극 지원하는 '경제적 차별화Economic Discrimination'에 있었다. 이를 통해 한국은 국제경쟁력을 가진 기업육성에 성공한 반면 동남아 국가들은 수출 성과에 연동한 차별적 지원정책을 효과적으로 추진하지 못했다. 그 결과 경쟁력 있는 기업에 자원이 집중되지 못하였으며 이는 국제경쟁력을 갖춘 기업의 등장을 어렵게 만들었다.

또한 한국은 수출산업 육성전략에 더하여 중화학공업 육성정책을 실시, 경공업에서 중화학공업으로 가는 산업고도화에도 성공하였다. 대부분 저개발 국가의 수출경쟁력의 핵심은 낮은 임금이다. 하지만 낮은 임금을 경쟁력으로 삼고 수출을 통해 점차 성장하면서 결국 저개발 국가의 국내 임금도 상승하기 마련이다. 이 경우 더 낮은 임금을 내세운 후발 후진국이 등장하면서 해당 국가의 저임금이라는 국제경쟁력은 점차 사라지게 된다. 따라서 수출주도 산업화 전략을 취한 국가는 낮은 임금에만 의존해서는 지속성장을 이룰 수가 없다.

한국의 경우 수출산업 육성정책을 통해 성장한 유력 경공업 기업들이 저임금 의존에서 고부가가치 창출 산업으로 생산 영역을 확장하면서 글로벌 중화학공업 기업으로 성장하였다. 이 과정에서도 차별화 원리가 산업정책을 통해 관철되었음은 물론이다. 국제경쟁력을 갖춘 중화학공업기업으로 성장한 한국의 주력기업들이 1980년대 들어 본격적으로 한국경제의 성장을 견인함에 따라 한국은 고소득 국가로 빠르게 진입할 수 있게 되었다.

한편 동남아의 중진국들은 산업정책 추진 과정에서 차별화를 통한 기업육성에 실패하였다. 동남아 국가들의 자국기업 육성 정책 실패 배경에는 자국의 기업들이 제대로 성장하기도 전에 소위 워싱턴 컨센서스로 대표되는 주류경제학의 입장을 너무 빨리 받아들인 것이 부정적으로 작용하였다. 금융시장이 때 이르게 자유화·자율화 되다보니 산업정책의 핵심인 금융정책의 여러 수단이 소진되어 효과적인 금융 지원을 할 수 없었고, 당장의 급한 경제적 성과를 위해 해외기업의 국내 유치가 산업정책의 중요한 목표가 되었다. 산업정책의 성격이 기업육성이 아니라 해외기업 유치로 변질되어 그 결과 국내 제조기업 육성정책이 효과적으로 이루어지지 못하였다.

경제성장이란 임금소득의 증가를 수반하는 현상이기 때문에 저임금 경제를 찾아 전전하는 외투기업들만으로는 경제성장의 고도화를 이루기 어렵다. 따라서 자체적으로 기술혁신을 체질화할 수 있도록 자국기업을 육성하는 데 실패하면 결국 중진국 함정에 빠질 수밖에 없게 되는 것이다.

한편 동남아 국가 사이에서 토지개혁이 성공적으로 이루어지지 못한 점도 산업화에 방해가 되었다고 할 수 있다. 저개발 국가의 산업화 과정은 농업에서 공업 부문으로 생산인구의 이동이 급증하는 것이 일반적이며 이 과정에서 농업생산력의 감소가 일어나게 된다. 따라서 농업 생산성 증가가 이루어지지 않는다면 산업화 과정에서 식량문제가 발생하게 되고 이 경우에는 산업화 과정에서 벌어들인 외화를 식량 수입에 쏟아부을 수밖에 없는 상황에 직면할 수도 있다. 동남아 국가들은 토지개혁을 통해 소작농 중심인 대규모 농장 구조의 농업을 자영농 중심의 농업으로 전환하지 못하였다. 인센티브 차원에서 보면, 농민들의 생산성 향상을 위한 노력이나 그 가능성은 전자의 소작농보다 후자의 자영농 체제에서 더 높기 때문에 동남아 국가들은 산업화를 뒷받침할 수 있는 농업 생산성 증대를 이루지 못한 것이다.[19] 반면 한국의 경우 토지개혁을 통해 소작농 체제에서 자영농 체제로 농업구조를 전환하였고, 새마을운동은 획기적인 농업 생산성 증대를 가능케 하여 산업화를 뒷받침하였다. 또한 산업화를 통해 한국은 저가低價 양질의 비료와 농기계를 농업 부문으로 공급할 수 있었고 산업화 과정에서 급성장한 도시가 농업생산물을 대량으로 소

---

19 동남아 국가들의 농업개혁 및 산업화 과정에서의 문제점에 대한 유사한 지적에 대해서는 Studwell (2013) 참조.

비해줌으로써 농업과 공업이 상호 시너지효과를 창출할 수 있었다.

일부 다민족 동남아 국가에서는 '경제적 차별화' 원리에 반하는 민족 또는 인종차별 정책으로 인해 성장잠재력이 훼손되기도 했다. 대표적 사례로 말레이시아의 '부미푸트라Bumiputra' 정책을 들 수 있다. 중국계에 편중된 부富를 시정하여 보다 균형 잡힌 사회를 추구한다는 미명 하에 말레이계를 정책적으로 우대하는 이 정책은 성장 인센티브를 약화시킬 수밖에 없다. 실제 성과 및 능력과 상관없이 말레이계를 경제적, 정치적으로 우대함으로써 능력 있는 타 민족 계열(특히 중국계)은 능력 발휘의 기회를 박탈당해왔다. 그 결과 비말레이계 우수인력의 해외 유출, 비말레이계 기업의 투자 부진 등이 초래되었다. 게다가 말레이계라는 이유 하나로 부실한 기업이 정부 지원 아래 생

그림 5 한국과 주요 동남아 국가의 인당 실질GDP 추이

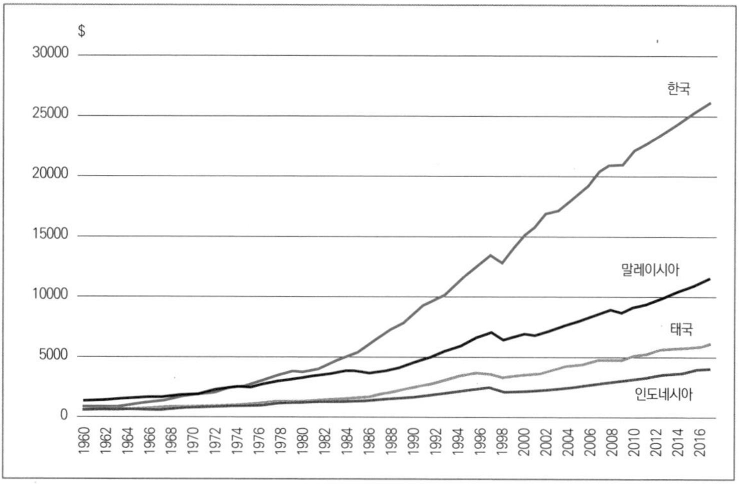

World Bank

존하는 상황에서는 정책 자금의 효율성도 확보할 수 없었다. 정부 지원이 도입된 1970년 이래 지금까지 수십 년간 누적되어온 이 정책의 부작용이 말레이시아의 경제적 도약에 장애가 되었음은 부인하기가 어려울 것이다. 실제 말레이시아 정치권에서도 최근 동(同) 제도의 폐지가 논의되었지만 이를 둘러싼 내부 갈등이 아직 해소되지 않아 현 상태가 유지되고 있다.[20]

5. 저개발 국가 경험으로부터의 시사점

　남미와 아프리카의 저개발 국가들을 비롯하여 산업화에 성공하지 못한 나라들이 가지는 공통점은 무엇일까? 부패, 빈부격차, 계층 갈등 등 여러 요인의 유사점을 가질 수 있지만 결정적 공통점은 바로 세계시장에서 경쟁력을 가지는 대표 기업이 매우 부족하다는 것이다. 수입대체 산업화 전략이 실패한 것은 심각한 이론적 결함이 있어서가 아니라 산업화 전략 수행 과정에서 경쟁력 있는 기업을 키워내지 못했기 때문이다. 이론대로만 된다면 수입대체 산업화가 성공하지 못할 이유가 없다.

　남미나 아프리카의 사례에서 알 수 있듯이 많은 저개발 국가가 국영기업을 통한 전략산업 육성을 시도하였다. 국영기업은 정부와 정치권의 영향이 미치기 쉽기 때문에 민간기업만큼 효율적으로 경영

20　2018년 15년 만에 다시 권력을 잡은 마하티르 총리는 유엔 인종차별철폐협약(ICERD)비준을 통해 부미푸트라 정책을 완화 내지 폐지하고자 하였지만 말레이계의 강한 반대에 부딪쳐 비준계획을 철회하였다.

되기가 쉽지 않고, 이것이 세계시장에서 국영기업 경쟁력 확보가 어려운 이유이다. 그렇기 때문에 여러 저개발 국가에서 국영기업 중심의 수입대체 산업화가 실패하는 것이다.

또한 공공부문이 커지면 민간부문은 자연스럽게 위축된다. 결국 산업화와 경제성장은 민간부문, 특히 민간기업이 성장하면서 이루어지는 것이다. 물론 정부 주도로 경제성장 전략을 추진할 수는 있지만 그 플레이어는 민간기업이 되어야 한다. 이 점이 간과되면 산업화의 성공은 어렵다. 국영기업이 상당한 비중을 차지하고 있었던 중국의 경우도 개혁·개방 과정에서 국영기업을 사실상 민간기업처럼 경영하는 시스템을 도입하여 기업 부문의 효율성을 증대시켰다.

「포춘Fortune」 세계 500대 기업 중 남미 기업들의 수는 통상 10~12개 정도 있는데, 이 중 다수는 정유회사가 차지하고 있다. 천연자원 기반이 아닌 순수 기술력으로만 500대 기업에 포함된 제조회사는 거의 없다고 할 수 있다. 세계 인구 9% 정도를 차지하는 남미의 규모를 볼 때 국제경쟁력을 갖춘 기업의 수는 상당히 부족한 편이다.

남미도 이럴진대 아프리카 쪽 사정은 굳이 설명이 필요도 없을 것이다. 수십 년간의 국제원조 효과가 없었던 이유 중의 하나는 원조자금으로 기업을 키워내지 못한 데에 있다고도 할 수 있다. 막대한 원조자금이 수원국受援國 정부나 NGO 프로젝트에 사용되긴 하였지만 정작 고용과 생산을 담당하는 민간기업에 대한 투자로는 제대로 활용되지 못했다. 결국 원조가 민간기업 육성에 기여하지 못하면 경제성장을 기대하기 어렵다. '원조자금을 끌어들여 NGO가 공짜로 우물을 파주면 우물 파는 그 지역의 업체는 NGO와 경쟁할 수가 없으며, 그들을 빈곤에서 탈출시키려면 공짜로 우물을 파주는 대신 우물 파는 지역 업체를 도와주어야 한다'라는 허버드Hubbard와 더건Duggan의 주장처럼[21] 원조자금이 민간기업 육성에 제대로 활용되었으면 현실은 많이 달라져 있을 것이다.

또한 허버드와 더건은 민간부문에 원조가 공급되지 못하면 그 자체의 문제로 끝나는 것이 아니라 인센티브 구조를 왜곡시킨다고 주장한다. 가난하다는 이유로 막대한 원조자금을 받을 수 있는 저개발 국가의 정부는 산업발전을 저해하는 장애물들을 애써 제거하려 하지 않고 오히려 민간 산업 분야를 경시하거나 억누르는 경향을 가지게 된다는 것이다. 한편 원조는 정부 행태의 왜곡뿐만 아니라 수원국 국민들을 더욱 의존적으로 만들 수 있다. 국민들 스스로 상공업에 뛰어들어 부가가치 창출을 위해 노력하기보다는 원조자금을 집행하는 국제 NGO 기구, 정부 기구 등에서 좋은 대우를 받고 일하고자 하는 인센티브를 강화시킨다는 것이다.

한편 중진국 함정에 빠진 동남아 국가들도 결국 그 원인은 기업의 고도화에 성공하지 못했기 때문이다. 고부가가치 상품 생산과 세계시장에서의 판매 능력을 가진 기업 없이는 고소득 국가로 진입하기가 매우 어렵다. 이는 한 국가의 소득이 해당 국가의 기업 수준과 밀접한 관계를 가지기 때문이다. 물론 기업 부문의 성장을 위해 민간

---

21 Hubbard and Duggan(2009).

기업을 지원한다고 해서 자동적으로 산업화와 경제성장을 달성할 수 있는 것은 아니다. 한국도 개발연대에 민간기업을 단순히 지원만 한 것이 아니다. 기업 성장을 극대화하는 경제발전의 메커니즘을 구축하고 이를 일관되게 실천하였기 때문에 기업의 성장은 물론, 산업화가 가능했던 것이다. 이후의 장에서는 그 메커니즘의 원리와 이론적 배경에 대해 설명하고자 한다.

기업부국의
자본주의 경제발전론

1. 경제발전의 일반이론: 삼위일체 경제발전론

2. 기업경제론

3. 기업 성장과 경제발전, 그리고 포용적 동반성장

기업부국의
자본주의 경제발전론[22]

1. 경제발전의 일반이론: 삼위일체 경제발전론

현대 국가에 있어 '경제발전'은 국가의 중요 목표 중의 하나이고 국가는 이 목표를 달성하기 위해 인적·물적 자원을 투입한다. 주류 경제학에 따르면 경제발전은 생산량의 크기로 측정되고 이 생산량은 투입된 인적·물적 자원(자본, 노동, 기술)의 기계적 결합, 즉 생산함수에 의해 결정된다. 주류경제학의 생산함수란 인적·물적 자원의 투입량을 늘이면 생산량도 커지므로 경제발전도 자연히 이루어진다는 것을 뜻한다. 하지만 과연 그럴까? 이 같은 기계적이고 도식적인 주류 경제학의 경제발전 원리는 막대한 인적·물적 자원을 쏟아붓고도 선

---

22 본 장의 기본적인 내용은 좌승희(2006; 2008; 2012; 2015); 좌승희·이태규(2016); Jwa(2017)에 기반을 두고 있으며 이들 문헌의 일부를 전재(全載) 또는 수정·보완하여 작성되었다.

진국과의 격차를 좁히지 못한 많은 저개발 국가의 실패를 설명하지 못한다.

세계 여러 국가들은 지금까지 다양한 경제발전 양태樣態를 보여 왔다. 동일한 수준의 자본, 노동, 기술을 보유하고 있더라도 경제수준은 국가마다 여러 요인에 의해 다를 수 있고 상대적으로 더 빨리 성장하는 국가의 경우도 볼 수 있다. 주류경제학은 이러한 현상을 제대로 설명하지 못하고 있으며 이와 같은 한계는 경제발전 원리에 대한 인식 부족에서 비롯된다. 이 책에서는 경제발전의 핵심 원리가 단순한 생산요소의 투입과 결합에 있지 않고 '차별화'라는 인센티브 구조에 있다고 주장한다. 그리고 한 국가의 경제발전은 자본주의 경제의 핵심 주체(시장, 기업, 정부)가 삼위일체가 되어 차별화 원리를 실천할 때만 이루어진다는 것을 주장한다.

(1) 경제적 차별화, 경제발전의 동인動因

생산함수는 주류경제학의 이론에서 경제발전을 설명하는 핵심적 장치이다. 자본, 노동, 그리고 기술을 생산함수에 넣으면 생산량은 자동적으로 결정되므로, 주류경제학에 의하면 자본 축적, 노동 투입, 기술 향상이 이루어짐에 따라 경제는 당연히 성장·발전하게 되는 것이다. 그래서 어느 나라든 이 세 가지 요소의 성장이 있으면 경제는 성장할 수 있다는 결론에 이르게 된다. 저개발 국가에 대한 선진국의 개발원조도 자본이 부족한 저개발 국가의 어려움을 해소하면 경제발전과 빈곤 탈출이 가능하다는 믿음에 기반을 두고 있다.

한편 세계화 확산으로 원조가 아니더라도 국제 요소시장에서 생산요소를 조달할 수 있는 길은 과거에 비해 큰 폭으로 열려 있다. 따라서 국내 생산요소의 부족은 저성장의 근본 원인이 되지 못한다. 그러나 저개발 국가들 중 국내외 생산요소들을 잘 활용하여 경제 도약을 이룬 나라는 극소수에 불과하다. 자본, 노동, 기술을 확보하고 이를 잘 활용하면 경제발전이 가능하다는 주장은 저성장에 허덕이는 저개발 국가들에게 실질적인 도움이 되지 못한다. 즉 경제발전을 위한 생산요소들의 축적과 활용에 관한 실질적 노하우를 제시할 수 있어야 하는데, 주류경제학의 생산함수 접근 방식은 이 역할을 하지 못한다.

경제발전의 원리를 이해하기 위해서는 경제발전의 동인動因을 알아야 한다. 그것은 '나쁜 성과보다 좋은 성과를 대접하는 신상필벌信賞必罰의 경제적 차별화 인센티브 구조'이다.[23] 잘하면 충분한 보상을 받고 잘못하면 남에게 뒤떨어진다는 신상필벌과 그에 따른 경제적 불평등의 압력이 사람을 움직이게 만들고 자기 향상과 경제적 번영의 노력을 이끌어낸다. 신상필벌은 마차를 만들던 사회를 기차와 자동차를 만들어내게도 하고 나아가 비행기, 우주선을 만들어내게 하는 경제발전의 동기를 부여한다. 이 인센티브 구조가 잘 작동해야만 국가의 경제적 번영이 이루어질 수 있다. 박정희 시대 한강의 기적은

---

23 이 원리는 동양에서는 2천 5백여 년 전의 중국의 법가들에 의해서 강조되었고, 서양에서는 성경(마태복음 25장의 the Parable of the Three Servants)의 '하늘은 스스로 돕는 자를 돕는다'는 오래된 정의의 율법(Dispensation of Justice)으로 표현되었다. 현대에는 2017년 노벨상을 받은 세일러(Richard Thaler) 등에 의한 행동경제학 원리로 재현되었으며, 60년 전 박정희 시대에는 이 원리를 바탕으로 한강의 기적을 실현하였다.

신상필벌의 경제적 차별화 정책이 모든 부문에서 잘 작동하였고 자조정신과 번영의 노력을 이끌어내는 원천이 되었기 때문에 가능했던 것이다. 반대로 신상필벌에 역행하여 성과의 차이를 무시하거나 경제적 평등을 보장하는 순간 시장과 경쟁의 활동은 중단되고 경제적 성과 달성을 위한 노력도 멈추게 된다. 우리가 지금까지 보아왔던 사회주의 경제의 몰락이 바로 이에 해당한다.

(2) 경제적 차별화 장치로서의 시장

주류경제학에서 시장이란, 전문화, 또는 분업에 의한 효율성 제고를 통해, 10대의 마차가 100대의 마차로 변천하는 사회의 자원 배분 장치로서 이해되어왔다. 하지만 10배 많아진 마차를 모두 연결해도 결코 기차가 되지는 않는다. 주류경제학은 마차에서 기차, 그리고 자동차, 비행기, 우주선으로 경제의 복잡성 증가를 시현하는 창발emergence의 원리를 아직도 명확히 설명하지 못하고 있다. 여기서 창발은 복잡성complexity 관점에서 본 경제발전의 또 다른 이름이다.

창발은 힘의 증폭amplification 과정을 통해 경제구조가 낮은 단계에서 더 높은 단계로 차원을 달리하는 과정이다. 필자는 신상필벌의 차별화된 인센티브 구조만이 창발이라는 힘의 증폭 과정을 발현시킬 수 있다고 본다. 이는 신상필벌의 인센티브 구조가 바로 창발을 향한 모든 경쟁 촉발의 원천이기 때문이다. 무차별적이고 평등한 인위적 시장 규칙 아래서는 차별화된 인센티브 구조가 무력화되어 그 어떤 창발도 이루어질 수 없게 된다.

시장의 주체인 우리 모두는 경제적 자유가 주어지는 순간부터 신상필벌의 채찍을 들고 경제적 차별화에 나선다. 개인은 소비자 또는 투자자로서, 은행은 신용대여자로서, 기업은 고용자로서, 근로자는 기업의 선택자(직장)로서 경제적 선택을 하며 이를 통해 가장 우수한 경제주체에게 경제적 자원을 집중시킨다. 예를 들어 '맛집'으로 알려진 식당에는 긴 줄이 늘어서지만 그렇지 않은 인근 다른 식당의 한가한 풍경은 개인이 신상필벌의 경제적 차별화를 실행에 옮긴 결과이다. 우리에게 선택의 자유가 있는 한, 골고루 평등하게 식당을 돌아가며 선택하지는 않는다. 결국 경제적 차별화는 경제적 불평등을 만들어낸다. 하지만 이 경제적 불평등의 압력은 나쁜 성과에 따르는 벌을 피하고 좋은 성과를 달성하여 보상을 받고자 하는 노력을 불러와 경제발전의 강력한 유인 요소가 된다.

그러나 현실 시장은 정보의 불완전성 때문에 생기는 거래비용으로 인해 성과와 보상을 일치시키는 신상필벌의 경제적 차별화에 실패한다. 경제발전은 타인의 성공 노하우라는 지혜를 따라 배우는 과정이다. 그러나 지혜라는 재화는 그 성격이 너무 모호하여 정보가 불완전한 현실 시장에서는 그 대가를 충분히 보상받기 어렵다. 이에 따라 성공 노하우의 공급자들, 즉 성공 주체들은 항상 무임승차에 시달린다. 물론 무임승차를 통해 개인이나 기업이 성장하고 발전하지만 종국에는 무임승차가 경제주체의 성공 인센티브를 무력화시키게 된다. 시장에 만연한 무임승차로 인해 좋은 성과가 항상 그에 상응하는 보상을 받는 것은 아니므로 시장 그 자체만으로 경제발전을 보장할 수는 없게 된다. 결국 시장의 불완전성으로 인해 시장만으로 경제발전에 성공하기는 어려우며 그러한 실례實例도 존재하지 않는다. 즉 수렵과 채집 시대 이후 1만 5천 년간의 시장경제는, 산업혁명부터 지난 200여 년을 제외하고, 인류의 빈곤을 해결하는 경제발전을 이루는 데 성공하지 못하였다.

(3) 시장차별화 실패의 교정자로서의 기업

기업이라는 조직은 시장과는 달리 항상 양의 조직비용을 부담해야 함에도 불구하고 시장차별화 실패를 교정하여 신상필벌의 경제적 차별화를 보다 더 효율적으로 수행하기 위해 등장하였다. 정보가 완전하여 시장이 차별화를 완벽하게 할 수 있다면 기업의 존재 이유는 사라진다. 기술적인 면에서 보자면 정보가 불완전한 현실 시장에서 기업은 기업 내 생산요소들의 성과와 보상을 일치시키는 데 시장보다 더 효율적이다. 왜냐하면 시장 거래는 거래조건에 대한 수평적 합의를 바탕으로 하는 자원 배분 장치이지만, 기업이라는 조직은 수직적 명령체계를 바탕으로 하는 자원 배분 장치이기 때문이다. 그래서 시장은 거래 당사자 간의 거래조건에 대한 합의를 위해 거래비용을 어느 정도 항상 부담해야 하지만 기업은 이를 회피 하거나 줄일 수 있다.

따라서 시장은 정보 불완전성이 높을수록 기업이라는 조직에 비해 그만큼 비효율적인 차별화 장치이다. 나아가 기업은 조직 내의 인적 자원을 포함하여 모든 자원의 성과를 지근거리에서 모니터링하고 평가하는 데 특화된 조직이다. 기업은 거래비용 절약뿐만 아니라 성과를 보다 효과적으로 평가할 수 있는 조직이고 태생적으로 경제적 차별화에 능하다. 이 차별화 기능을 잘 수행하지 않고서는 기업의 성공은 있을 수 없는 것이다.

(4) 경제발전을 위한 정부의 역할: 경제적 차별화

발전이 일어나는 과정은 선구자의 성공 노하우를 배우는 과정이라 했다. 남을 따라 배우는 과정 없이 발전은 없다. 한국경제의 성공 과정도 남들보다 빠르게 배워서 실천하는, 즉 '발 빠른 추격자fast follower'로서 성공하는 과정이었다. 배움에는 나보다 앞선 상대가 필요하고 흥하는 이웃이 있어야 나도 흥할 수 있는 법이다. 하지만 흥하는 이웃을 배우는 과정에서 성공 노하우에 대한 무임승차가 일어난다. 이는 앞에서 지적한 대로 정보의 불완전성과 거래비용 때문에 시장이 무임승차를 완전히 막기는 불가능하기 때문이다. 그래서 온전히 시장 그 자체만으로 경제발전이 자생적으로 이루어지기는 어렵다. 시장의 이 같은 기능적 한계를 해결하기 위해 기업이라는 사회적 발명품이 등장하였지만 기업 또한 궁극적으로 후발자들의 무임승차에서 자유롭지 못하다. 성공한 기업의 기술, 경영 노하우 등은 항상 후발 기업의 무임승차에 노출된다. 이것이 경제발전 현상이 갖는 자체적 내부 모순이라 할 수 있다.

시장과 기업만을 통해서는 완전한 신상필벌의 차별화가 어려우므로 이 기능을 자연스럽게 정부라는 조직을 통해 보완·강화할 필요성이 등장한다. 경제발전의 무임승차 현상과 관련하여 현실 경제로 돌아가 보면, 성공한 일류기업은 모두 무임승차에 노출되어 있으므로 지위를 영원히 유지하기는 매우 어렵다. 소니, 도요타, 포드, GM 등이 다 그러하였고 한국의 일류기업도 후발 중국 기업들의 무임승차에 노출되어 미래가 불안한 상황이다. 성공 노하우의 무임승차 현상 때문에, 시장과 기업의 신상필벌적的 차별화 노력에도 불구하고, 경제성장·발전은 쉽게 일어날 수 없다. 여기서 정부의 적극적인 역할이 필요하게 된다. 미국 트럼프 대통령의 대중對中 무역·경제전쟁도 미국 기업들에 대한 중국 기업들의 무임승차를 방지하기 위한 노력의 일환으로 이해할 수 있다.

경제발전에 있어 정부의 역할은 시장이나 기업과 마찬가지로 신상필벌의 원칙에 따라 나쁜 성과보다 좋은 성과를 우대하는 경제적 차별화를 실천하고 시장의 미약한 차별화 기능을 보다 강화하는 것이어야 한다. 즉 정부는 '경제적 차별화 인센티브 구조'를 제도화하는 방향으로 가야 하는 것이다. 이것 없이는 경제적 번영을 달성할 수 없다. 경제, 사회의 모든 부문에 개인과 기업에 대한 신상필벌의 차별화 인센티브 제도를 정착시키는 경제는 성장과 발전을 유인하지만, 반대로 신상필벌에 역행하거나 무시하는 인센티브 제도는 반드시 경제적 정체를 가져오게 된다. 물론 이 차별화는 경제적 성과에 대한 차별화이며 정부는 어떠한 경우에도 법 앞의 평등을 철저히 보장해야 할 것이다. 흔히 '재산권의 확립'을 자본주의 경제발전의 핵심 요소로 들고 있는데, 재산권의 보장도 정부가 공급하는 차별화 인센티브 구조의 일부분이다.

오늘날의 수정자본주의와 사회민주주의 등 경제평등주의 정치경제체제는 마르크스적인 계급투쟁과 착취 이념에 기초하여 소위 양극화가 자본주의 시장경제의 본질적 모순이기 때문에 시장에 대한 정부의 개입으로 시장경쟁의 결과인 경제적 불평등을 상쇄해야 한다고 주장한다. 정부에 의한 경제적 차별화는 이러한 마르크스적 이념과는 정반대되는 원리이다. 즉 경제적 차별화 대신 경제적 평등을 추구하는 정부(혹은 정치)는 발전 역행적이다. 왜냐하면 스스로 노력하여 흥하는 개인과 기업이 대접받지 못하는 사회에서는 성공의 동기 자체가 사라져, 그 사회가 경제적으로 성공할 가능성이 없기 때문이다.

(5) 삼위일체 경제발전론 요약

이상의 논의를 요약하면, 지속 가능한 경제발전은 오직 시장의 힘으로만, 혹은 정부의 역할로만 가능한 것은 아니며 더구나 현대의 주식회사 기업조직 없이는 안 되는 것이다. 시장, 기업, 정부가 삼위일체가 되어, '신상필벌의 경제적 차별화 원리'를 실천할 때라야 가능해지는 것이다. 따라서 경제적 차별화는 경제발전의 필요조건이라 할 수 있다. 물론 이것이 발전의 충분조건이라고 하기는 어렵지만 역으로 이 3자 중 어느 하나라도 경제적 차별화의 대열에서 이탈할 경우 경제발전 과정의 자체적 내부 모순이 발생하게 되고 발전은 도로徒勞에 그치게 된다. 따라서 경제적 차별화의 역逆명제인 경제평등주의 혹은 경제적 무차별주의는 경제 정체의 충분조건이다. 여기서 말

그림 6 삼위일체 차별화 경제발전론의 개념도

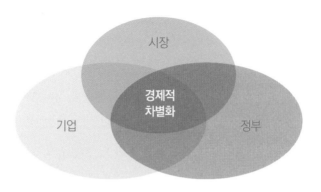

하는 '경제적 차별화'는 소위 인종, 성별, 학벌, 지역, 연령, 정치이념 등에 따른 정치적, 사회적 차별 현상과 혼돈되어서는 안 된다. 경제적 차별화는 단지 행위 주체의 경제적 성과에 따른 차등적 보상을 의미하는 것이다.

삼위일체 경제발전의 원리는 그림 6과 같이 정리할 수 있다. 경제발전은 시장, 정부, 기업이 모두 경제적 차별화 기능을 수행할 경우에만 그 교집합으로서 가능해지는 대단히 흔치 않은 어려운 과정이다.

(6) 정치와 경제발전: '정치의 경제화'와 '경제의 정치화'

삼위일체 경제발전의 일반이론은 정치의 경제발전 역할에 대한 새로운 시각을 제시한다. 오늘날의 1인 1표 민주정치는 정치적 자유와 평등을 양대 축으로 하고 있는데 정치적 평등이 경제적 평등으로 확대해석, 적용되는 일이 보편화되고 있다. 경제적 평등을 추구하는 정치는 결국 경제적 성과를 무시하여 경제적 차별화 원리를 차단하는 결과를 초래하기 때문에 경제발전에 역행하게 된다. 이를 일컬어 '경제의 정치화'라 할 수 있는데 이것이 오늘날 선·후진국을 막론하고 성장 정체와 경제 불평등을 초래하고 있다. 사회민주주의가 그 인기에도 불구하고 결과적으로 경제 정체와 불평등을 초래하는 이유가 바로 여기에 있는 것이다.

따라서 정치가 경제발전에 기여하기 위해서는, 정치권이야말로 경제적 차별화 원리에 역행하는 평등주의적 경제제도 및 정책 도입을 자제하고, 스스로 도와 성공하는 국민과 기업들을 우대하는 국가 운영체제를 정립해야 한다. 즉 경제적 성과에 따라 차별적 보상이 이루어지는 메커니즘을 설계하고 집행함으로써, 국민과 기업들의 생각과 경제적 행동을 발전친화적으로 유도해야 경제적 도약을 이룰 수 있는 것이다. 이를 달리 표현하면 '정치의 경제화'라고 할 수 있다. 요컨대 '정치의 경제화'는 발전친화적이지만 '경제의 정치화'는 발전 역행적이라고 할 수 있다.

2. 기업경제론

(1) 자본주의의 정수精髓는 기업경제Corporate Economy

흔히들 자본주의의 핵심 요소로 '시장경제Market Economy'를 들곤 한다. 때로는 자본주의 경제를 시장경제로도 표현하며 혼용하기도 한다. 물론 현대 자본주의 작동의 핵심 요소 중의 하나는 '계획 또는 명령에 의한 거래'가 아니라 '시장을 통한 거래'라는 점에서 시장경제는 자본주의 경제를 구성하는 중요한 요소이다. 하지만 '시장경제'가 현대 자본주의의 정수精髓로 자리매김하기에는 충분하지 않다.

시장을 매개로 한 거래는 자본주의 경제의 도래 훨씬 이전, 인류가 잉여생산물을 거래하기 시작할 때부터 존재해왔다. 인류 역사가 현대적 민주주의 체제에 이르기까지의 경제활동 과정에서 통치 계급에 의한 수탈, 권력자에 의한 강제적 자원 배분 등이 빈번하기는 했지만 대중의 경제활동에 있어서는 시장을 통한 자발적 거래가 대부분을 차지해왔다. 하지만 시장경제의 오랜 역사에도 불구하고 경제성장이라고 부를만한 소득의 향상과 부의 창출을 이룬지는 지난 200여 년에 불과하다. 역사적으로 이 시기는 유한책임주식회사limited lia-bility joint-stock corporation라는 사회적 발명품이 등장하여 자본주의 경제의 핵심 역할을 한 시기와 거의 일치한다.

우리는 산업혁명 이전 수백 년, 수천 년 동안 시장을 통해 거래해온 인류의 경제적 활동 방식을 자본주의 경제라고 하지 않는다. 그 이유는 조직화된 기업이 없었기 때문이다. (대규모의) 상인도 있고 가내수공자업자도 있었지만 '주식회사'라는 사회적 기술을 바탕으로 대규모의 자본조달 기능과 투자위험 부담능력을 겸비하고 조직적 생산체제를 갖춘 기업이 없었기 때문에 단순히 시장을 통해 경제활동이 영위되었다고 해서 자본주의 경제라고 할 수는 없는 것이다. 따라서 자본주의 경제에서 기업을 빼놓고는 의미 있는 논의를 할 수가 없다. 자본주의 경제시스템 채택 국가에서는 생산과 고용이 대부분 기업에 의해 이루어지고 있다. 과거 농경사회 삶의 터전이었던 토지는 이제 기업으로 대체되었고 기업이 현대인의 경제활동 근간이 되었다.

이 주식회사 제도가 산업혁명을 성공적으로 이끌면서 오늘날 자본주의 산업사회가 도래하게 된 것이다. 따라서 인류의 역사 속에서 오랫동안 존재해왔던 시장경제는 비교적 역사가 오래되지 않은 자본주의 경제체제를 정확하게 표현하는 용어라고 할 수 없다. 본서는 현대 자본주의를 한 단어로 정의한다면 시장경제가 아니라 '기업경제'라고 정의되어야 한다고 주장한다.

현대 자본주의의 출발은 영국에서 1720년 버블법Bubble Act으로 100년 동안 금지됐던 주식회사 제도가 1825년 버블법 폐지로 허용되고, 그 후 1844년과 1862년에 걸쳐 법제화된 유한책임회사limited liability corporation의 등장으로부터 비롯된다. 기업의 역할은 유한책임회사 등장 이전과 이후로 근본적인 차이를 가진다. 유한책임회사라는 새로운 사회적 창조물은 애덤 스미스가 그의 저작물에서 각각 분업의 이점과 보이지 않는 손의 작동 예로 들었던 압정 공장, 양조장, 정육점, 빵집과 같은 전前 자본주의적 기업들pre-capitalist이나 농경사회의 제조업이라 할 수 있는 대장간 기업blacksmith과는 근본적으로 다르다.

우선 유한책임회사는 개인투자자가 감수해야 할 리스크를 제한함과 동시에 주식발행을 통한 거의 무한대의 자본 규모 확장이 가능하다. 때문에 이론적으로는 농경사회의 대장간 기업과 같은 개인 기업으로서는 상상할 수도 없는 무한대의 리스크를 감당할 수 있다. 이를 바탕으로 유한책임회사는 자본, 노동, 기술을 복합적이며 체계적

방식으로 결합하고 이를 대규모로 운용할 수 있으므로, 현존 기술과 기회를 활용한 상업화에 능할 뿐만 아니라 새로운 기술과 기회를 발견하고 활용하는(즉 무에서 유를 창조하는) 기반이기도 하다.

여기서 중요한 점은 신고전파 주류경제학의 생산함수가 자본, 노동, 기술의 선형결합으로 표현되는 데 비해 실제 유한책임회사의 생산은 생산요소 간 비선형적non-linear이며 복합적인 상호작용 및 결합을 통해 창발적(1+1)2)으로 이루어진다는 점이다. 즉 현대 유한책임회사에서의 생산방식은 '고차원적 복잡 시스템higher order complex system'으로 정의할 수 있으며 생산요소의 단순한 선형함수로 정의될 수 없다는 것이다. 이러한 기업의 창발적 생산능력이 소위 규모의 경제와 범위의 경제의 원천이 된다. 따라서 주류경제학 생산이론은 현대 기업의 생산 활동을 제대로 표현할 수 없는 한계를 가지고 있다.

한편 유한책임회사를 통한 대규모 생산 활동이 가능해지자 절대다수의 경제활동 터전이 농지에서 자본주의 기업으로 이동하였고 농업경제agrarian economy가 자본주의 경제로 대체되었다. 그 결과, 대다수 선진국의 GDP에서 농업 부문이 차지하는 비중은 거의 한 자릿수로 감소한 반면, GDP의 나머지 부분은 제조업뿐만 아니라 서비스 기업의 활동으로부터 나오게 되었다. 주목할 점은 경제발전에 따라 농업 활동도 기업에 의해 이루어지고 있는 추세라는 점이다.

그렇다면 자본주의 경제는 어떤 방식으로 가장 정확하게 묘사될 수 있을까? 우리는 자본주의 경제에서 민간기업private corporation이 시장과 정부에 필적 또는 더 중요한 핵심 역할을 한다고 주장한다. 더 나아가 자본주의 경제를 '시장경제market economy' 대신 '기업경제corporate economy'라고 부를 수 있다고 주장한다. 기업은 '법적으로 다수의 유한책임 주주들에 의해 공동 소유된 사회적 기술social technology로서 팀생산을 수행'하는 조직으로 정의할 수 있다. 이렇게 정의된 기업은 '시장 창출과 확대자market creator and expander'로서의 역할을 수행하고 현대 자본주의 경제의 발전을 견인한다.

(2) 기업의 역할: 경제적 차별자와 시장 확대자

앞서 설명한 것처럼 일반적으로 기업은 시장실패 해결을 위한 조직으로서 역할을 한다. 경제학 교과서 수준에서는 시장실패의 해결책으로 정부 개입을 제시하는 것이 통념이다. 왜냐하면 시장실패는 불완전한 정보와 양의 거래비용 하에서만 발생하는데, 정부는 불완전한 정보 하에서도 공권력을 가진 조직 특성상 시장에 비해 거래비용을 줄일 수 있다고 가정하기 때문이다. 하지만 불완전한 정보라는 현실 세계에서는 정부도 완전한 정보를 가질 수 없고 거래비용 절약도 보장할 수 없다. 정부는 부패하기 쉽고 실제로 거래비용을 더 높일 위험도 있다. 따라서 시장에서 필연적으로 발생하는 거래 및 정보 비용을 최소화하기 위한 장치로서 기업과 같은 사적 조직 private organization이 존재하는 것이다.

기업의 시장실패 해소는 두 가지 차원에서 이루어진다. 먼저 기업은 시장보다 훨씬 효과적으로 거래비용을 회피하거나 절약할 수 있다. 왜냐하면 기업의 의사결정 과정과 내부의 자원 배분은 명령과 수직적 지휘 체계에 기반을 두고 있기 때문이다. 따라서 탐색, 협상 등이 필요한 시장 거래보다는 의사결정 과정을 단순화할 수 있고 소요 시간도 단축시킬 수 있다. 기업의 또 다른 차원의 시장실패 해소 과정은 차별화이다. 기업은 내부 조직원을 시장보다 더 효율적으로 차별화할 수 있다. 시장에서는 불가능했던 다양한 내부 경영시스템을 활용하여 인력 포함 내부 자원 생산성에 대한 모니터링 및 평가, 그리고 차별화에 수반되는 정보비용information costs을 줄일 수 있기 때문이다. 따라서 높은 거래비용 때문에 무임승차free-riding에 쉽게 노출되어 있는 성공 노하우 또는 시너지의 내부화가 기업에 의해서는 가능해진다. 기업은 다양한 명령 및 지휘 체계를 통해 시너지의 제공자와 수혜자free-rider를 한 조직 내에 유치하여 협력과 시너지 창출을 유도할 수 있다. 또한 기업은 지근거리에서 그들의 성과를 모니터할 수 있기 때문에 정보비용을 절약할 수 있어 성과에 따른 보상(경제적 차별화)을 시장보다 더 효율적으로 할 수 있다.

따라서 기업이라는 조직이 존재함으로써 거래비용을 감소, 시장 실패를 해결할 수 있고 또 다른 한편으로는 내부 구성원들에 대해 성과와 보상을 정확히 연동함으로써, 상당한 정보비용이 존재하는 시장보다 구성원에게 훨씬 효율적으로 성과의 동기를 부여할 수 있다. 특히 차별화와 동기부여 기능을 기업이 얼마나 잘 수행하느냐에 따라 그 기업의 성공 여부가 결정된다. 경제적 동기부여는 어떤 조직에서든 성공의 핵심 요인이기 때문이다.

한편 기업은 거래 및 정보비용으로 인해 시장에만 맡겨 놓았더라면 결코 일어나지 않을 새로운 부가가치를 창출함으로써 새로운 시장(개개인과 기업의 복합적인 네트워크)[24] 을 창출할 수 있다. 그러므로 기업은 차별화 실패의 문제를 해결하고 이로써 시장 범위 확장에 기여하며 발전 과정의 핵심적인 역할을 하는 것이다. 특히 유한책임 형태의 기업은 높은 투자위험의 감수가 가능하므로 더 넓고 위험한 시장으로의 진출과 새로운 산업의 창출을 가능케 한다. 기업을 통한 이 과정이 바로 발전의 과정에 다름이 아니며 기업은 이 같은 발전 기능을 수행하는 도구라고 할 수 있다. 이러한 관점에서 자본주의 경제는 '시장경제'라기보다는 '기업경제'라고 할 수 있다. 큰 규모의 유한책임회사 없이 시장의 힘으로, 또는 혼자의 힘으로 '마차 경제'를 '자동차 경제'로 탈바꿈시킬 수는 없는 것이다. 그러므로 기업의 성장이 경제발전을 이끈다는 주장이 가능하다.

시장은 다양한 기업들과 개인이 서로 거래하면서 연결되는 네트워크라고 할 수 있다. 여기서 기업은 시장 네트워크의 개척자cultivator이며 시장 범위의 확대자expander이기도 하다. 시장은 그 자체로 항상 기업과 개인을 차별화하고 그들로 하여금 기존의 시장 네트워크를 능가surpass하여 새로운 시장을 창출하도록 동기를 부여한다. 또한 기업은 차별화를 통해 그 구성원들의 시너지를 창출하고 기업의 성장을 견인할 수 있도록 동기를 제공한다. 그러한 의미에서 기업은 현재의 시장을 개발하고 새로운 시장을 창출하여 경제발전 과정을 증폭

---

24 Simon(1991).

시키는 동력locomotive이라 할 수 있다.

하지만 경제발전 과정에 있어 기업은 핵심적인 역할을 하지만 한편으로 무임승차free-riding에 노출되어 있다. 성공적인 기업들의 성공 노하우는 추격 기업들에게 노출되기 마련이고 결국 기업 고유의 성공 노하우가 자유재로 전락하게 되어 시장에서의 장기간 생존이 어려워진다. 무임승차 문제를 해결하는 특별한 조치가 없는 한 종국에는 성공한 기업들이 시장에서 사라져 '성공은 영원하지 않는' 현상으로 귀결될 것이다. 특히 이 성공 노하우 혹은 성공 기업의 DNA 등은 정형화되어 있지 않고 규정하기도 사실상 불가능하여 시장에서의 거래조건에 대한 합의가 어렵다. 그래서 이런 노하우를 지적 재산권으로 보호하기도 쉽지 않고 재화의 성격이 복잡할수록 거래비용도 커져 성공 노하우를 시장 거래 대상으로 삼기는 어려워진다.

3. 기업 성장과 경제발전, 그리고 포용적 동반성장

한 나라의 경제성장은 그 나라 기업들의 성장에 다름이 아니다. 세계 각국들의 경제규모 순위를 보면 각 나라가 보유한 기업들의 규모와 밀접한 관련성을 보인다. 「포춘」이 선정한 500대 기업 명단에 포함된 각 나라별 기업 수에 따라 순위를 매겨보면, 나라별 경제력 순위와 거의 일치하다는 것을 알 수 있다(그림 7 참조). 미국, 중국, 일본, 프랑스, 독일, 영국, 한국 등의 순으로 500대 기업을 많이 보유하고 있으며 특히 중국의 부상은 눈여겨 볼만하다. 30여 년 전 무無에서 출발한 중국은 2009년 서구 선진국들을 추월하고 2012년부터는 일본을 제쳐 이제 미국의 턱 밑까지 쫓아와 있다(2018년 미국 126개 사, 중국 120개 사). 이것이 미국의 트럼프 대통령이 개시한 중국과의 무역·경제전쟁의 배경이 된 것이다.

자본주의 경제발전은 후발자가 선발자의 산업화 성공 노하우를 무임승차하여 기업을 육성하고 산업을 일으키는 과정에서 이루어진다. 지금 중국의 경제적 부상이 그 경로를 그대로 밟은 사례이다. 중국은 박정희와 일본의 산업화 노하우에 적극 무임승차하여 1만 불 소득수준 가까이에 이르렀고 이제 미국의 지식기반 경제 노하우를 적극 무임승차하여 한국, 일본은 물론 이미 쇠락하는 유럽을 넘어, 종국에는 미국을 추월하고자 하고 있다. 미국의 입장에서는 이를 용인할 수 없기 때문에 트럼프 대통령이 중국에 대해 강력한 제동을 걸고 있는 것이다.

미국 대통령으로서 가장 중요한 정책목표는 이제 분명해 보인다. 어떻게 하면 중국 기업들의 추적, 즉 무임승차를 막아 미국의 경제적 헤게모니를 지키고 나아가 자유세계의 리더로서 그 역량을 유지할 것인가 하는 문제로 귀결된다. 중국의 입장에서는 그동안 무임승차 기업육성 전략을 통한 따라잡기에 크게 성공했지만 이제 뜻하지 않은 복병을 만난 셈이다. 트럼프는 중국의 무임승차를 차단하고 전 세계 일류기업을 미국의 영향력 하에 묶는 기업육성 전략으로 중국의 커져가는 영향력을 제어하겠다는 것이다.

한국의 경우 2000년대 초반에 중국에 추월당한 후 서구 선진국들

그림 7 국가별 「포춘」 500대 기업 수 추이

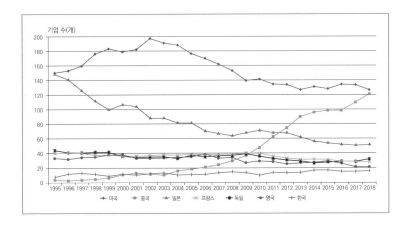

기업 수(개)

범례: ← 미국 ← 중국 ← 일본 ← 프랑스 ← 독일 ← 영국 ← 한국

의 정체로 순위는 상승했으나 기업 수의 증가가 정체되고 있고 이것
이 바로 오늘날 한국경제가 겪고 있는 어려움의 원인이라 할 수 있
다. 이렇듯 얼마나 많은 대기업을 보유하고 있는가가 한 나라의 경제
력을 가늠하는 척도라 할 수 있다. 따라서 국민경제의 성장과 기업
성장은 분리하여 생각할 수 없는 것이며 박정희는 이 점을 분명히 알
고 민간기업 중심의 성장전략을 추진한 것이다.

앞에서 논의한 바대로 기업은 차별화 장치로서, 또한 시장 확대
자로서 자본주의 경제발전에 있어 핵심적 역할을 담당한다. 흔히 기
업을 부가가치 창출의 주체라고들 하지만 정작 주류경제학의 경제발
전론에서의 기업은 생산요소의 기술적 결합인 생산함수로 표현될 뿐
이며, 기업의 역동성과 창의성에 대해서는 경제학적 논의 대상에서
제외되어왔다.[25] 그 결과 경제성장의 문제는 생산요소의 양(자본스톡, 노

동 투입, 기술 수준 등)을 증가시키는 문제로 귀결되어 버렸다. 이와 같은 이른바 성장회계growth accounting로는 자본주의 경제발전의 역동적 과정을 제대로 설명하기 어렵다. 게다가 자본스톡, 기술 수준 등은 측정이 쉽지 않고 논란의 여지도 많은 변수라서[26] 이들 변수들을 측정하고 설명함에 있어서는 생각보다 현대 경제학의 장점 중의 하나인 수학적 명쾌함을 기대하기 어렵다. 이 같은 측정의 번거로움을 회피하고 경제발전 담론에 '기업'을 명시적으로 도입하기 위해서는 기업을 대표하는 변수를 사용하여 몇 가지 명제를 추론해 볼 수 있다.

그림 8은 2005~2013년 기준 세계 71개국에 대해 상장기업 전체 자산의 합을 인구수로 나눈 1인당 기업자산과 각국의 1인당 GDP를 대비시켜 본 것이다. 여기의 71개국은 케냐 등 아프리카의 저소득 국가에서 영미권 고소득 국가까지 다양한 국가들을 포함하고 있다. 그래프는 뚜렷한 우상향의 관계를 보여주며 각국의 인당 기업자산은 인당 GDP와 매우 밀접한 관계를 가진다는 것을 보여준다.[27] 이 그래프는 각국의 경제발전은 한마디로 각국 기업의 성장으로도 대표될 수 있다는 것을 의미한다. 여기서 기업자산은 생산함수의 자본, 노동, 기술 수준과 이 요소들 간의 상호작용이 최종적으로 만들어낸 결

---

25 물론 산업조직론에서 기업의 행위를 연구하기는 하지만 이는 거시경제적 차원의 경제발전에 있어 기업의 역할에 대한 연구와는 다른 것이다. 한편 오스트리아 학파가 기업가의 역할을 강조하지만 기업이라는 조직과 개인 기업가는 다르다. 소위 기업가 개인 경제주체로서, 기업이라는 사회적 기술이 없이는 여전히 취약하고 불완전한 일개 개인일 뿐이다.

26 대표적으로 1960년대 자본스톡의 측정을 둘러싼 '케임브리지 자본 논쟁(Cambridge Capital Controversy)'을 들 수 있다. 이에 대한 자세한 논의는 좌승희(1975)를 참조.

27 기업 활동보다는 석유자원에 경제를 전적으로 의존하고 있는 일부 산유국은 분석 대상에서 제외하였다. 물론 이들 국가들이 포함되어도 전체적인 분석결과는 달라지지 않는다.

그림 8 인당 GDP와 인당 기업자산

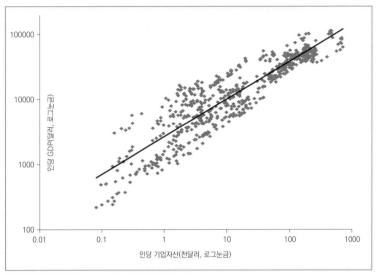

좌승희·이태규(2016)

과라고 해석할 수 있다. 따라서 각각 생산요소를 따로 집계하여 생산 함수를 추정하는 번거로운 과정이 매우 단순화될 수 있다.

그림 9는 이전 그래프와 유사한 국가들과 기간을 대상으로 한 각 국의 지니계수와 인당 기업자산 간의 관계를 나타낸 것이다.[28] 그래 프는 우하향의 관계(즉 인당 기업자산이 높은 국가일수록 소득불평등도가 낮아지는 관계)를 보이고 있어 기업의 성장은 소득분배도 개선한다는 것을 명료하게 보여주고 있다. 기업이 성장할수록 소득분배는 악화된다는 최근의 일부 주장이나 기업을 경제 불평등의 근원으로 보는 마르크스주의적

---

28 지니계수의 경우 수치가 없는 국가가 있기 때문에 그림 8의 국가 수보다 적은 66개국만을 대상으로 하며 기본적으로 2005~2013년 기간을 고려하되 지니계수의 유무에 따라 국가마다 기간은 다르다.

견해는 사실이 아님을 알 수 있다.

기업의 성장은 누구의 희생 위에 이루어지는 것이 아니라 보다 많은 이에게 일자리와 소득창출의 기회를 제공하여 종국에는 경제 전체의 소득분배를 개선하는 포용적inclusive 동반성장shared growth 과정 이라 할 수 있다. 또한 여기서 기업의 성장이 소득수준과 소득분배 간의 연결고리를 담당하고 있다는 것을 알 수 있다. 기업을 매개로 소득의 증가와 소득분배의 개선이 같은 방향으로 움직이게 된다. 즉 기업의 성장은 일자리를 창출하고 이는 소득 증가로 이어짐과 동시 에 소득분배도 개선하게 되는 것이다.

그림 9 지니계수와 인당 기업자산

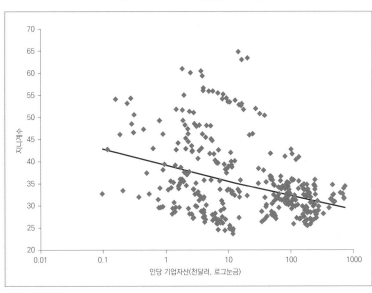

좌승희·이태규(2016)

저개발 국가 성장 모델로서
한강의 기적에 대한 이해

1. 한국의 산업화: 동반성장의 기적

2. 박정희 시대 정책 체제에 대한 새로운 해석: 신 경제발전론의 관점

3. 관치 차별화를 통한 '경제의 시장화(市場化)' 전략

4. 산업정책의 중요성 입증

5. 관치 차별화 산업정책의 성공사례

6. 기업육성 전략

7. 박정희 시대의 정치의 경제화

제3장

저개발 국가 성장 모델로서
한강의 기적에 대한 이해

1. 한국의 산업화: 동반성장의 기적

전후戰後의 한국경제는 전쟁으로 경제토대가 완전히 무너진 상태여서 해방 전보다 못한 수준이었고 따라서 외국 원조 없이는 경제를 지탱할 수 없는 수준이었다. 국내 수요를 충족시킬 수 있는 생산능력이 매우 빈약하였으므로 필요한 재화의 상당수는 수입을 해야 했으며 이에 필요한 외화의 대부분은 외국 원조로 조달하는 구조로 경제가 운용되고 있었다. 한편 외국 원조의 대부분을 부담하는 미국은 원조의 형식을 무상원조에서 차관의 형태로 점차 전환하고 있었다. 박정희 정부가 출범하던 1961년 미국은 국제원조 관련 자국 기구들을 통폐합하여 국제개발처US Agency for International Development, USAID를 만들고 이 기구를 통해 차관 중심의 원조로 정책 방향을 전환하였다. 전쟁으로 무너진 경제를 재건하고 가난을 극복하기 위해 확장적 경제 운용이 필요하였던 새 정부로서는 차관 형식으로의 원조 변경은 상당한 부담으로 다가왔다. 결국 박정희 정부는 자립경제를 위한 경제개발 계획의 수립과 실천이 시급하다는 인식을 하게 되었고 이것이 '경제개발 5개년 계획'으로 구체화되었다.

박정희 정부는 5·16혁명 초기에 당시 많은 저개발 국가들이 채택하던 수입대체 산업화 전략을 따랐었다. 그러나 산업화를 위한 외화 자금난 등의 어려움이 따르면서 외화 획득의 전제인 수출 없이 산업화가 어렵다는 사실을 인지하게 되었다. 이러한 배경에서 제1차 경제개발 5개년 계획이 개시된 1962년부터는 '수출주도형 성장전략'을 경제개발 전략으로 채택하게 되었다.

당시 한국은 다른 저개발 국가에 비해 평균적 교육 수준이 높아 노동의 질이 우수하다는 이점이 있었다. 따라서 정부는 노동집약적인 경공업 제품의 수출을 통해 획득한 달러로 수입수요를 충족시키면서 경제개발 투자재원도 조달한다는 전략을 경제개발의 기본 전략으로 삼았다. 값싼 노동력을 중요한 경쟁력으로 삼는 수출전략의 또 다른 중요한 장점은 넓은 해외시장을 대상으로 생산을 하는 경우 규모의 경제가 실현되어 추가적인 가격경쟁력 효과를 가질 수 있다는 점이다. 이러한 점을 고려할 때 협소한 국내시장과 부족한 투자재원, 반면 풍부한 노동력을 가진 국가가 수출주도형 성장전략을 택하는 것은 지금은 당연한 것처럼 보인다. 하지만 막상 제2차 세계대전 이후 독립한 많은 신생국은 수입대체 산업화 전략을 택하였다. 식민지

시절 겪었던 경제적 수탈과 대공황의 기억 등으로 선진국 중심 세계 경제체제로의 편입을 꺼리는 분위기가 신생국들 사이에서 팽배하였기 때문에 저개발 국가들의 수입대체화 산업전략 선택은 당시로서는 자연스러운 현상이었다. 오히려 한국의 성장전략이 예외적인 사례라 할 수 있다.

박정희 정부의 경제전략은 '경제개발 5개년 계획'을 통해 구체화되었는데 박정희 정부 기간 동안 1~4차 경제개발 5개년 계획이 추진되었다. 박정희 정부 이후에는 명칭이 바뀌어 '경제사회개발 5개년 계획'이 추진되었다. 경제개발 5개년 계획은 한국경제 최초의 체계적인 개발계획의 추진이라는 측면에서 의의를 갖는다.

박정희 정부는 1962년부터 시작된 제1차 경제개발 5개년 계획에서부터 '수출주도형 성장전략'을 명확히 천명하며 국가 주도의 산업화를 추진하였다. 박정희 정부의 1~4차 경제개발 5개년 계획 기간 동안의 성과는 한국이 최빈국에서 탈출하여 오늘날 선진국 대열에 진입하고 그 대열에서 나름의 역할을 할 수 있도록 토대를 만들어 주었다. 또한 경제개발 5개년 계획의 중요한 성과는 단지 수출을 성장동력으로 삼는 데 그치지 않고 수출 주력 상품을 경공업 제품에서 중화학공업 제품으로 전환하는 등 산업구조의 고도화도 함께 이루었다는 점이다. 매 계획 기간마다 성장률 목표치를 초과한 성과를 이루면서 박정희 대통령 재직 기간(1961~1979)에 연평균 경제성장률 10.1%의 고도성장을 달성하였다.

박정희 정부의 고도성장은 성장과 함께 소득불균형도 개선된 동반성장이었다는 점에서 더욱 가치가 있다. 1993년 세계은행의 연구 결과는 1965~1989년 동안 세계 주요국 중 한국이 가장 높은 경제성 장을 달성하였을 뿐만 아니라 소득불평등 정도도 가장 낮은 그룹에 속한다는 것을 보여 준다(그림 10 참조). 박정희 시대의 동반성장은 단순 히 소득계층별 고른 성장에만 국한되는 것이 아니다. 통상 산업화가

그림 10 세계 주요국의 경제성장과 소득불평등 정도

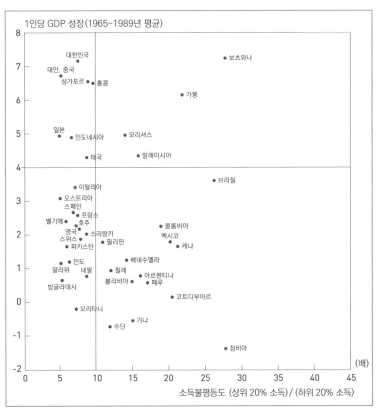

World Bank(1993)

급속히 진행될 경우, 농업 부문에서 비농업 부문으로의 자원 이동이 빨라지고 농업 부문의 상대적 저성장, 그리고 비농업 부문에 비해 저하되는 소득수준으로 인해 농업과 비농업 부문 간의 격차가 확대되는 경우가 많다. 하지만 박정희 정부는 새마을운동을 통해 농업 부문의 생산성과 농가소득을 비약적으로 증가시켜 농업과 비농업 부문의 동반성장을 달성하고 도시와 농촌 간 소득격차를 획기적으로 축소시켰다.

농업 부문의 성장은 여러 측면에서 한국의 경제성장에 기여하였다.[29] 우선 농업 생산성 증가로 식량 수입을 줄여 외화 절약에 기여하였고, 이농을 통하여 충분한 산업인력을 공급하면서도 농업생산을 증가시킬 수 있었다. 농업생산의 증가는 식량 가격의 인상을 억제하여 도시 근로자 임금 상승도 억제할 수 있었다. 또한 농가소득의 증가는 농촌 출신 학생들의 교육을 통해 인적자본 축적을 가능케 하였으며 이는 경제성장에 크게 기여하였다.

2. 박정희 시대 정책 체제에 대한 새로운 해석: 신 경제 발전론의 관점

앞의 제2장의 새로운 경제발전이론은 그동안 주류경제학의 입장에서 해석하기 어려웠던 한국의 개발연대 경제개발 정책 체제를 이

---

29 김용택(2006) 참고.

해하는 데 필수적이다. 삼위일체 차별화 경제발전이론의 관점에서 보면, 박정희 시대의 정책체제는 정부 주도의 강력한 차별화 정책을 통해 시장 차별화의 취약한 기능을 보완하고 시장과 함께 기업 부문에 철저한 차별적 인센티브를 제공함으로써 기업 간의 치열한 성장 경쟁을 유도하는 자본주의 기업경제 발전 원리의 진수를 실현한 체제였다고 정의할 수 있다. 물론 이 과정에서 경제적 차별화 정책을 보호하기 위하여 정치의 경제 개입은 차단하고 철저하게 '정치를 경제화'하였다.

많은 개발도상국들이 세계은행World Bank이나 IMF 등의 지원을 받기 위해 이 기구들의 조언에 따라 소위 시장경제 메커니즘을 자국의 경제시스템에 도입하였지만 성공사례는 극히 드물다. 이는 대부분이 시장경제를 주류경제학이 추상화하는 '자원의 효율적 배분장치'로 이해하고 실제 현실 시장에서 작동하는 '차별화 기능'을 도외시했기 때문이다. 또한 원조자금의 배분 활용에 있어 성과에 기초한 차별화 원리를 철저히 지켰어야 하는데, 이 원리에 역행하는 정치적, 혹은 평등주의적인 방향으로 배분하거나 부패 정부의 정치자금 및 개인 비리로 탕진한 것도 실패의 원인이다.

기존 경제학이 해석하는 '효율적 자원 배분'이란 실제로는 시장의 '경제적 차별화'의 결과로 얻어지는 것에 불과하다. 따라서 경제적 차별화는 동태적 과정인 반면 효율적 자원 배분은 그 결과로 얻어지는 정태적 개념이다. 차별화 기능이 차단되면 효율적 자원 배분은 불가능해 진다. 박정희 정부는 명시적으로 인식하지는 못했겠지만 기존의 주류경제학에서 제대로 설명되지 않았던 자본주의 경제발전의 원리, 즉 정부, 시장, 기업의 경제적 차별화를 경제정책에 체화하고 집행하였다. 이것이 박정희 시대 경제발전의 성공 요인인 것이다.

경제적 차별화를 세 주체가 교집합으로 실행하는 것은 쉽지 않은 일이다. 후발 저개발 국가들이 지금까지 산업화에 성공하지 못한 것도 그 때문이다. 더 나아가 산업화된 선진국도 여러 형태의 사회민주주의 정책을 도입하면서 경제적 차별화에 실패하게 되었고 그 결과가 저성장으로 나타나고 있다. 정부가 성과를 무시하고 인센티브 차별화에 역행하는 평등주의적 혹은 반反 차별적인 공공정책을 지속한다면 이는 결국 시장의 차별화 기능을 무력화시키는 꼴이 되며, 이 경우 저개발 국가는 산업화에 실패, 선진국은 저성장에서 탈출하지 못하는 결과를 낳게 되는 것이다. 이러한 문제는 주로 정치의 포퓰리즘적 시장 개입에 의한 '경제의 정치화'에 기인하는 경우가 많다. 박정희 시대는 '정치의 경제화'을 통해 이 문제를 효과적으로 차단했다.

후술하는 바와 같이 박정희 대통령은 민주정치의 포퓰리즘화가 과도한 경제평등주의와 균형발전 이념으로 흘러 시장의 신상필벌, 즉 경제적 차별화 기능을 와해시킬 수 있음을 간파하여, 항상 경제정책 결정에 정치의 영향(즉 경제의 정치화)을 차단하려고 부단히 노력하였다. 따라서 새로운 경제발전이론의 시각에서 보면 박정희 시대의 경제정책 체제는 정부가 '정치의 경제화'를 통해 경제발전의 필수불가결한 주체인 시장과 기업과 정부, 모두가 시장의 본래 기능인 '성과에 따른 경제적 차별화' 원리를 온전하게 실천한 체제였다고 할 수 있다.

3. 관치 차별화를 통한 '경제의 시장화市場化' 전략

저개발 국가가 산업화를 이룬다는 것은 잠자는 농경사회에서 깨어나 자본주의 시장으로 편입되는, 소위 시장화 과정이라고 할 수 있다. 사회주의에서 자본주의로의 체제 전환을 시도하는 나라들도 이 과정을 거쳐야 한다. 경험적으로 보면, 자본주의 제도적 틀(사유재산권 제도, 자유경쟁 제도 등)이 농경사회 중심의 저개발 국가나 사회주의체제에 들어온다 하더라도 사람들이 하루아침에 '자본주의형 인간'으로 변모하여 개인의 경제적 성과를 극대화하고자 매진하는 일은 거의 없다. 사람의 행동양식은 과거 경로에 의존하는 경향(경로 의존성)이 있기 때문이다.

개발연대 이전 농촌을 중심으로 한 한국의 국민들에게도 경로 의존적 경향이 있었다. 대한민국 건국과 더불어 불완전하나마 시장경제 제도가 갖추어졌지만 건국 이후 20여 년 동안 사람들의 행동양식은 크게 변하지 않았고 특히 농촌사회는 하늘만 바라보는 천수답天水畓 농사에 의존하는 격이었다. 그렇다면 경로 의존성에서 벗어나 새로운 시장을 개척하고 이에 적극 참여하면서 경쟁을 통해 성과를 창출하는 등, 경제활동의 일반적 과정이 되는 '시장화' 촉진의 길은 과연 무엇일까? 이에 대한 답은 박정희의 '관치 차별화' 정책의 성공에서 찾을 수 있다.

새로운 제도가 도입되고 새로운 시장이 열려도 시장의 차별화 기능이 실패하면 경로 의존성에 갇혀 수십 년 혹은 그 이상의 장기간에 걸쳐서도 경제적 도약을 유인하는 데 실패할 수 있다. 이를 극복하기 위해 정부의 경제적 차별화 기능이 필요한 것이다. 정부에 의한 경제적 차별화, 바로 '관치 차별화 전략'이야말로 경쟁이 갖는 강력한 힘, 즉 차별화된 인센티브라는 유인 요소를 작동시켜 시장의 기능을 보완·강화하는 전략이다. '차별화 전략'은 잠자던 농촌, 개인, 그리고 중소기업을 깨워 경쟁을 통해 경제적 목적을 성취하게 하는 시장화 운동에 다름이 아닌 것이다. 박정희 시대의 산업화 성공과 새마을운동을 통한 농촌혁신도 결국 이러한 시장화의 성공을 통해 가능했던 것이다.

박정희 정부의 경제정책은 철저한 차별화 메커니즘을 내재하고 있었으며 그 핵심은 한마디로 '정부는 스스로 돕는 자만을 돕는다'라는 철학이다. 이는 신상필벌적 시장 차별화 기능의 또 다른 표현이다. 수출을 진흥하고 산업정책을 추진함에 있어서도 잘하는 기업을 더 격려·지원했고 새마을운동에 있어서도 잘하는 농촌을 더 격려·지원했다. 심지어는 원호대상자 지원에 있어서도 자립을 전제로 할 정도로[30] 거의 모든 지원에 '스스로 돕는 자를 돕는 차별화의 원리'를

---

30 박 대통령은 1970년 원호회(援護會)를 방문하여 다음과 같이 말한 것으로 기록되어 있다. "원호대상자들도 자조·자립정신을 가져야 한다. 즉 국가가 이만큼 도와주는데 자기도 노력해서 빨리 자립하겠다는 생각을 가져야 한다. 언제까지나 정부에 의지하겠다는 생각을 가지면 자립·자활을 할 수 없게 된다. 그리고 성공한 사람들에게 오히려 더 많은 지원을 하여 다른 사람에게 자극이 되도록 하자, 그렇지 않으면 원호대상자는 매년 이런 정도의 재원은 자동적으로 나오는 것이라는 관념이 생겨 노력하지 않는다." 「월간조선」, 2003년 7월호, '위대한 CEO 박정희의 특명.'

견지하였다. 이 원리의 적용이 당시 대한민국 국민 대다수를 자조·자립적 발전의 정신을 가진 경제주체로 변모시킬 수 있었다. 당시의 소위 '하면 된다'라는 발전의 정신이야말로 바로 차별화 원리의 산물인 것이다.

박정희 정부가 관철시킨 인센티브 차별화 경기 규칙은 성공을 향한 경쟁의 소용돌이 속으로 전국을 몰입시켰다. 개인이나 기업이나 모두 노력하여 성과를 내면 보상을 받을 수 있다는 확신을 가지게 되었고 이로써 너도 나도 '시장화 경쟁'에 나서게 됐다. 이러한 메커니즘이 경제 전반에서 작동하지 않으면 저개발 국가나 체제 전환국들이 경제적 도약을 이루기가 어렵다.

저개발 국가나 체제 전환국들이 경제개발 프로그램 부족으로 산업화에 어려움을 겪는 것이 아니다. 선진국과 산업화 성공 국가들의 경험 및 사례로부터 많은 경제개발 프로그램을 차용할 수 있으며 이를 각 국가의 여건에 맞게 활용할 수 있다. 또한 한국의 경제개발 과정과 세부 정책들의 내용도 이미 많이 알려져 있다. 문제는 성과를 내는 것이다. 그것은 '차별화'의 메커니즘을 관철할 수 있어야 가능한 것이다. 선진국 또는 경제개발에 성공한 나라들로부터 차용한 단편적 정책들의 조합만으로는 저개발 국가가 경제적 도약에 성공할 수 없다. 정책들이 성과를 낼 수 있는 인센티브 메커니즘을 갖추어야 하고 그것이 바로 '차별화'의 메커니즘인 것이다.

4. 산업정책의 중요성 입증

박정희 시대의 놀라운 성장은 결국 산업정책을 통하여 이루어진 것이라 할 수 있다. 박정희 정부 산업정책의 구체적 특징에 대해 설명하기 전에 본 절에서는 저개발 국가에 있어 산업정책의 중요성에 대해 논의하고자 한다.

오늘날 세계 주류경제학계는 소위 특정 산업을 육성하는 산업정책을 정부가 해서는 안 될 정책이라고 본다. 시장 중심 주류경제학의 비교우위이론은 각국의 산업적 특화는 부존자원의 차이에 따라 정해지는 상대적 비교우위에 의해 결정되어야 가장 효율적이라고 가르친다. 애덤 스미스는 "일국의 분업(즉. 산업 특화)은 시장의 크기에 의해 결정된다"라는 유명한 말을 남겼다. 이에 따르면 세계 시장에서 수요가 증가하면 각국은 자신이 상대적으로 많이 보유하고 있는 부존자원을 상대적으로 많이 쓰는 산업에 특화하게 된다. 예컨대 교역이 열리고 시장이 커지면, 다른 나라, 또는 다른 자원에 비해 토지가 상대적으로 더 풍부한 나라의 경우는 농업에 특화하고 노동이 상대적으로 더 풍부한 나라는 노동집약적 산업에 특화해야 국제경쟁력 있는 산업발전을 이룰 수 있는 것이다. 나아가 비교우위론에 따른 산업 특화를 통해 개별 국가의 자원 배분 효율은 물론 국제적인 자원 배분의 효율도 극대화할 수 있다고 가르친다. 따라서 이런 관점에서 보면 산업의 특화 과정은 국가 간의 주어진 부존자원에 따른 상대적 비교우위에 따라 시장이 결정할 문제로, 정부가 나서서 비교우위에도 맞지 않는 산업을 인위적으로 키우려고 해서는(예를 들어 박정희 시대의 중화학 육성과 같은 정책) 안 된다는 주장을 하게 된다.

특히 국제무역질서와 관련해서는 특정 국가가 홀로 산업정책을 시행하여 각종의 지원을 할 경우 이는 국제 자원 배분의 왜곡을 초래할 뿐만 아니라 이런 정책을 채택하지 않는 다른 경쟁국들의 수출상품에 비해 자국 수출상품이 인위적인 경쟁우위를 누리게 도와주는 결과가 되기 때문에 국제 간 교역의 공정성을 해친다고 본다. 이를 일컬어 불공정무역관행unfair trade practice이라 칭하며 각종 국제기구에서는 이를 방지하는 규약을 도입하고 있다. 지금 세계무역기구wto는 이와 관련된 규정을 도입하고 있으며 개별 국가들도 쌍무 간 교역 협정 시 이를 방지하려고 노력하고 있다.

산업정책에 대한 주류경제학의 비판적 견해는 소위 워싱턴 컨센서스의 이론적 바탕이 되었고 한때 저개발 국가에서 산업정책의 퇴조를 불러왔다. 산업정책에 대한 이 같은 인식으로 인해 한국도 자본이나 기술에 비해 토지와 노동이 상대적으로 풍부한 현실에서 농업 중심으로 그리고 노동집약적 산업 중심으로 경제발전을 해야 한다는 주장들이 난무했던 것이다. 이런 시각에서 당시 일부 학계나 정치권에서는 5·16 이후 정부 주도로 추진된 수출산업 육성이나 특히 70년대 추진된 중화학공업 육성정책을 비교우위에 따른 시장의 자연스러운 산업 특화 기능에 역행하는 반反시장적 정책이라며 회의적으로 보게 되었다. 그리고 그동안 중화학공업화 성과를 폄하하는 한국 학계의 흐름과 국제적으로 산업정책을 금기시하는 견해 또는 태도가 보편화된 것도 같은 맥락에서 이해할 수 있다.

결국 1950~60년대 당시 토지와 노동에 상대적 비교우위가 있었던 한국은 농업과 노동집약적 산업에 특화하고 수출을 하는 것이 자원 배분 효율성을 극대화하는 길이라는 생각이 지배적이었다. 수출 상품구조의 고도화를 위해 중화학공업을 육성하여 자본 및 기술집약적 상품을 수출하고자 하는 정책은 경제이론에 맞지 않게 되는 것이다. 물론 한국의 중화학공업화 정책이 성공하면서 학계에서는 소위 동태적 비교우위라는 신개념을 도입하여 비교우위가 고정된 것이 아니라 시간에 따라, 또는 국가의 노력에 따라 부존자원이 달라질 수 있기 때문에 비교우위가 바뀔 수 있다는 견해가 등장하였다. 그러나 이는 사후 약방문처럼 산업 특화 결과를 설명하는 데는 도움이 되지만 사전에 어떤 산업을 어떤 방법으로 일으킬 수 있는지에 대한 답을 제공하지는 못한다. 앞을 내다보고 새롭게 산업을 개척해나가야 할 개발도상국들은 여전히 갈 길을 못 찾고 오리무중을 헤매고 있다.

결과적으로 고전적인 산업 특화와 교역이론은 시장이 저절로 적절한 산업구조를 찾아 교역을 일으키므로, 시장을 열고 교역을 자유화하면 경제발전을 향유할 수 있다고 가르친다. 따라서 수출주도 성장전략은 특정 산업을 겨냥하지 않는 한 이런 고전이론에 역행하지 않기 때문에 학계로부터 쉽게 용인된 반면 비교우위이론에 역행하면서 정부의 직접적인 시장 개입을 불러온 중화학공업화 전략은 학계에서 설 땅을 잃게 된 셈이다. 이 같은 이유로 한국의 경제발전을 이끈 가장 중요한 경제정책이 무엇이냐 하고 물으면 아마 경제학계는 이구동성으로 수출주도 성장전략이라고 할 것이다.

산업정책과 관련된 논란은 경제의 변화·발전에 대한 근본적인 시각과 연결된다. 도대체 경제발전이란 무엇인가 하는 문제이다. 기존의 주류경제학은 요즘 경제성장이라는 이름 아래 경제발전의 문제를 통합하고 비교우위론에 입각하여 주어진 자원을 주어진 목적에 가장 효율적으로 배분한다는 배분경제학allocation economics적 관점에서 접근한다. 예컨대 농업에 비교우위가 있다면 열심히 노력하여 농업생산성을 높이는 것이 경제성장 혹은 경제발전이라 보는 것이다. 비유한다면 마차를 10개 만드는 사회가 발전하려면 주어진 자원을 보다 잘 활용하여 마차를 100개 만들어야 한다고 가르치는 것이다. 이 경우 생산성이 10배로 증가하고 소득과 생활수준도 10배로 증가한다고 보는 것이다.

그러나 진정한 의미의 경제 변화·발전이란 이런 선형적인 변화가 아니라 농사를 짓던 농경사회가 부존자원의 벽을 뛰어넘어 더 고도의 산업사회로 이행하는 과정을 의미한다. 필자는 이를 마차 만들던 농경사회가 기차를 만들고, 자동차, 비행기, 우주선을 만들어내면서 점차 더 높은 차원의 경제로 창발하는 비선형적 변화 과정이라 해석한다. 이런 창발 과정의 원리를 밝혀내는 것이 진정한 의미의 경제발전이론으로서 기존의 배분경제학을 뛰어넘는 발전경제학development economics이라 부를 수 있다.

이런 입장에서는 경제는 항상 보다 복잡한 질서로 창발해야만 발전이라 할 수 있는 것이고 따라서 부존자원은 항상 극복해야 할 대상이며 비교우위이론 또한 극복되어야 할 대상이다. 그러나 불행하게도 배분경제학은 마차가 10개에서 100개로 증산되는 선형적인 생산성 향상 과정을 발전과 동일시하기 때문에 마차에서 기차, 자동차, 비행기로의 이행을 촉진하는 정책을 고민하지 않는다. 그런 고민보다는 그냥 마차를 열심히 더 만들라거나 혹은 그냥 시장에 일임해 놓으면 세월에 따라 시장이 알아서 기차도, 자동차도, 비행기도 만들어낸다는 주장을 하게 되는 것이다. 정부의 산업정책은 금기시되고 농경사회는 계속 농업에 특화해야 경제가 발전한다는 사실상 대책 없는 공허한 주장을 하게 된다.

그런데 세계 역사를 돌아보면 놀랍게도 선진국 치고 산업혁명기에 새로운 산업을 일으키려고 정책적으로 노력하지 않은 나라가 없고, 농경사회가 비교우위론에 의해 농업만으로 선진국이 된 경우도 없다. 그리고 정부의 산업화 노력 없이 시장만의 힘으로 산업화에 성공한 예도 찾아보기 어렵다. 서구 선진국들의 과거 18~19세기 산업혁명기 역사를 살펴보면 경제정책이 거의 모두 자국 산업을 보호·육성하기 위한 것이었음이 드러난다. 이런 상황에서 후진국들은 일부 반反 산업정책적 경제논리들을 수용하면서도, 지금의 반 산업정책 풍조가 후발 주자들로 하여금 선진국들의 산업혁명기 정책들을 의도적으로 못하게 하여 경쟁우위를 지속 유지하려는 의도가 있다고 보고 있다. 이런 행태를 가리켜, 오래전에 영·미 선진국을 따라잡기 위해 노력하던 독일의 프리드리히 리스트는 '사다리 걷어차기'라고 비판하기도 하였다.

한편 놀라운 것은 오늘날의 산업정책 경시 풍조 속에서도 어떤 형태로든 산업육성 정책을 하지 않는 나라가 없다는 것이다. 더욱 놀라운 것은 그중에서도 산업정책에 성공하는 나라는 매우 드물다는 사실이다. 이런 현상은 강단講壇 경제학이 뭐라 하던 모든 나라가 현실적으로는 신新산업을 일으켜 마차에서 기차, 자동차, 비행기 경제로 올라서지 않고서는 경제 도약이 불가능하다는 것을 인지하고 있기 때문이다. 다른 한편으로는 어떻게 해야 국제경쟁력이 있는 신산업을 일으킬 수 있는지 그 방법을 모르고 있음을 의미하는 것이다. 따라서 발전경제학이 할 일은 바로 산업정책의 성공 방정식을 찾아내는 일이라 할 수 있다. 그리고 산업정책을 살려내려 한다면 이론적 반대에 대해서는 물론 무엇보다도 정책 성과 창출의 현실적 어려움을 극복하는 것이 급선무라 할 수 있다.

일반적으로 성공 방정식은 실패사례가 아니라 성공사례로부터 얻어진다. 실패가 반면교사로서 도움이 되기는 하지만 실패를 피하거나 반대로 한다고 성공이 보장되는 것이 아니기 때문이다. 물론 성공사례를 따른다고 반드시 성공하리란 보장은 없지만 성공 가능성을 높일 수는 있을 것이다. 바로 여기서 한국의 중화학공업 육성 성공 경험이 얼마나 중요한 의미를 갖는지 이해할 수 있을 것이다. 한국은 어쩌면 가장 불리했을 여건과 전형적인 농경사회에서 출발하여 약 20~30년 만에, 세계 역사상 가장 짧은 기간에 산업혁명에 성공하였다. 그리고 이제는 산업사회 다음 단계인 고도 지식기반 경제로 이행 중이다. 마차에서 출발하여 자동차 경제를 완성하고 비행기 경제로 이행 중이라 비유할 수 있을 것이다.

물론 이 마지막 도약의 단계에서 지금 한국경제는 저성장과 양극화라는 난관에 봉착하고 있는데 필자는 이 원인이 바로 그동안 산업정책의 성공원리를 무시한 정책 시행 때문이라고 생각한다. 어쨌든 한국의 사례는 20세기 후반 세계에서 거의 유일한 가시적인 산업정책 성공 경험으로, 추상화의 함정에 빠진 강단 경제학을 실사구시적인 경제발전의 실천학문으로 재탄생시킬 수 있는 원리를 담고 있는, 너무나 값진 보석 같은 경험이다.

5. 관치 차별화 산업정책의 성공사례

박정희 개발연대의 산업정책이 성공한 핵심 요인은 차별화 원리를 정책의 입안과 실행 과정에서 철저히 구현했기 때문이다. 즉 정부 주도의 성장정책에 엄격한 차별화 원리를 적용함으로써 경제발전의 기본 원리를 실천한 것이 개발연대 패러다임의 성공 요인이었다. 그런 의미에서 주류경제학이 비판해 온 산업정책의 비효율성은 재평가되어야 한다. 결론적으로 산업정책, 혹은 정부의 개입 자체가 철저한 차별화 원리를 구현한다면 자원 배분의 왜곡을 가져온다고 볼 수 없다. 오히려 저개발 국가처럼, 혹은 성장의 유인을 잃어 정체에 빠진 일부 선진국들처럼 시장의 경쟁 촉진 기능이 취약한 경우에는 차별화 원리를 장착한 정부의 개입이 시장을 보완함으로써 경제발전에 기여할 수 있다는 것이 한국의 경험이다.

또한 산업정책이 성공하기 어렵다고 말하는 다른 이유로 '정부에 의한 승자 선택'의 문제점이 지적되어 왔다. 즉 정부는 원천적으로 정보가 제한되어 있고, 자칫 정치적으로 흐를 가능성도 있기 때문에 적합한 승자를 사전 선택할 수 없다는 것이다. 그러나 박정희의 개발 연대 산업정책은 승자를 사전에 선택하는 방식이라고 보기는 어렵다. 그보다는 사후 승자 확인 방식의 산업정책이었다고 할 수 있다. 도덕적 혹은 정치적 잣대를 가지고 승자를 선택한 것도 아니며 시장에 앞서서 미래를 내다보고 선택한 것도 아니었다. 시장에서 성과를 낸 승자를 보상하는 방식으로 산업정책이 집행되었던 것이다. 일제나 이승만 정부 당시의 불비한 시장 규칙 하에서 시장질서가 문란했을 것임은 불문가지이기 때문에, 당시의 성공한 기업들도 탈세나 뇌물 등 소위 부패에서 벗어날 수는 없었다. 그러나 박정희 대통령은 5·16 직후 부패한 기업들을 청산하는 대신, 경제개발에 참여시킴으로써 적어도 시장이 선택한 승자를 외면하지는 않았으며 승자들의 역량을 인정하고 다시 기회를 주었다.

수출진흥이나 중화학공업 육성정책 시행에 있어 시장에서 이루어낸 성과를 기초로 지원과 허용 여부를 판단했다. 이런 점에서 정부가 사전에 승자를 선택했다기보다는 시장이 선택한 성과를 사후적으로 인정하는 방식의 산업정책을 시행했다고 볼 수 있는 것이다. 시장이 아무리 불완전하고 도덕적으로 오염되어 있었다 하더라도 시장의 선택을 존중한 시장 우위의 산업정책을 펼쳤기 때문에 박정희 대통령의 전략은 경제발전의 성공 가능성을 높일 수 있었다. 따라서 '관치 차별화'를 내재한 산업정책은 저개발 국가가 상대적으로 취약한 시장 차별화 기능을 보완해 경제발전의 속도를 배가시킬 수 있는 유용한 전략이 될 수 있음을 시사한다.

또한 '관치 차별화'는 '정치의 경제화'에 다름이 아니다. 경제적 성과에 상응하는 보상을 철저히 관철함으로써 산업정책이 정치적으로 오염되지 않고 정책 성과가 극대화될 수 있도록 하는 것이 관치 차별화이다. 대부분의 국가에서 산업정책이 실패하는 핵심 이유 중의 하나는 경제적 성과를 무시하는 '경제의 정치화' 때문이다. 아래에서 몇 가지 중요한 정책 사례를 통해 박정희 정부의 개발연대 관치 차별화 메커니즘을 살펴보기로 한다.

(1) 수출우량기업만 우대한 수출진흥정책[31]

'수출주도의 성장전략'을 산업화 핵심 전략으로 삼은 박정희 정부는 제1차 경제개발 5개년 계획의 시작과 함께 본격적인 수출 드라이브 정책을 추진하였다. 이 당시 수출진흥 정책에는 지도자의 강력한 의지가 담겨있었는데, 일억 불 수출실적을 달성한 1964년부터 매년 11월 30일을 '수출의 날'로 정하는 한편 1965년부터는 매월 대통령 주재 하에 수출진흥확대회의를 개최하여 수출을 국가정책의 최우선 순위로 삼았다. 수출진흥확대회의는 대통령 유고 전까지인 1979

---

31 산업정책을 반대하는 시장 중심의 주류경제학계는 수출산업 육성정책을 특정 산업 육성정책이 아니기 때문에 시장 왜곡이 없다고 지지하는 반면 중화학공업화 정책은 왜곡이 심했다고 비판하고 있다. 그러나 사실 우리는 수출육성정책도 내수산업이 아닌 외수산업을 육성하는 정책이기 때문에 특정 산업 정책과 다르지 않다고 본다.

표 3 연도별 수출진흥확대회의 개최 횟수와 대통령 참석 횟수

	1965	1966	1967	1968	1969	1970	1971	1972
회의 개최수	5	11	12	12	12	12	11	11
대통령 참석수	5	11	9	12	12	12	11	10
	1973	1974	1975	1976	1977	1978	1979	
회의 개최수	10	11	10	10	10	9	6	
대통령 참석수	10	11	10	9	10	9	6	

최상오(2010)

년까지 계속되었고 표3에서 알 수 있듯이 대통령은 거의 모든 회의
에 참석하였다. 이 회의에서는 통상에 관련된 장관, 업계 대표, 금융
계 대표 등 유관기관 대표들이 참석하여 월별, 품목별, 지역별 수출
동향을 점검하고 수출 증대를 위한 모든 시책과 애로타개 방안을 논
의·결정하였다.

　수출제일주의 혹은 수출지상주의라고 불렸던 이러한 수출진흥
정책의 성공 요인은 무엇인가? 어떻게 20년 가까운 기간 동안 당시
한국의 거의 모든 기업들은 그들의 생사生死가 마치 수출에 걸려 있
는 것처럼 미친 듯이 전 세계 곳곳을 누비면서 수출시장 개척에 나서
게 되었는가? 기업들이 수출전선에 뛰어들어 소위 수출입국의 첨병
으로 변신하게 된 것이 과연 권위주의적 정부의 압력 때문이었을까?
정부가 "수출이 중요하니, 정부가 세제 및 금융 지원을 할 것이다. 수
출전선에 나서라"라고 했다고 해서 기업들이 움직이게 되는 것인가?
그렇다면 그동안 지구상의 많은 후진국들이 이와 유사한 수출진흥
정책을 구사했음에도 불구하고 어째서 한국처럼 성공한 나라가 별로
없는 것인가?

이에 대한 우리의 답은 역시 "당시 한국의 수출진흥 정책은 대단히 차별적으로 작동되었기 때문이었다는 것"에 있다. 이와 관련해서 우리는 매년 말에 국가 행사처럼 시행된 '수출유공자 표창 대회'를 주목하게 된다. 수출유공자 표창 대회는 박정희 대통령 집권 18년 중 15년간 지속된 행사로서, 그 해의 수출진흥 정책을 총정리하는 행사였다. 대통령 이하 관련 각료, 경제단체장, 기업인, 관련 학자들이 참석하고 전 국민의 환시 속에 그 해의 대한민국 최고 (수출)기업과 기업인들을 뽑는 일종의 미인대회beauty contest와 다름없었던 것이다. 이 대회를 통해 한국의 모든 기업들은 그들이 올린 수출실적에 따라 등수가 매겨지고 상위 기업 및 기업인은 국가로부터 훈·포장을 받아 산업역군으로서 인정받게 되었던 것이다. 이에 더하여 당시 언론과 방송은 물론, 대한뉴스와 온 대중매체들이 나서 수출실적 상위 기업과 기업인들의 성공담을 신화화하였으며 이들을 영웅화하는 데 열을 올렸다. 또한 이 대회에서 인정을 받게 되면 그 당시로서는 최고 우량기업으로 인정받아 각종 금융이나 정부 지원에서 유리한 고지를 점할 수 있었다.

여기서 우리는 당시 은행산업을 되돌아볼 필요가 있다. 우선 은행의 가장 기본적인 기능은 기업에 대한 차별화 기능을 집행하는 것이다. 즉 상대적으로 우량한 기업에 더 많은 자금을 더 낮은 금리로 지원하는 기능이 은행의 대출 기능인 것이다. 그런데 한국에 있어 은행의 차별화 기능, 즉 대출심사기능이 미흡했던 것은 어제오늘 일이 아니다. 따라서 당시 한국의 상업은행들에게서 이러한 기능을 기대하기는 매우 어려운 상황이었다. 그러한 상황에서 은행에게는 수출유공자 표창 대회야말로 국내 기업들의 신용등급 관련 정보를 얻을 수 있는 가장 중요한 기회였다. 수출유공자로 선정된 기업들이야말로 은행에게는 양질의 고객이며 따라서 이 기업들에게 저금리로 많은 금액을 대출해 주는 것은 은행의 너무나 당연한 대출심사기능이었다.

국가가 인정하는 상위 우량기업에 집중적으로 저리 대출을 해주는 것이 정경유착으로 보일 수도 있다. 하지만 당시 은행의 입장에서는 은행 본연의 업무를 상식적으로 수행한 셈인 것이다. 이러한 우대를 받았던 기업들 중 다수가 오늘날 소위 대기업으로 성장했음은 주지하는 바와 같으며 이러한 정부·은행의 합작에 의한 차별화 전략이 이들의 성장요인이었다는 것도 부정할 수 없다. 이를 불공정하고 부당한 지원이었다고 주장하기도 하지만 이는 시장의 차별화 기능에 대한 무지에서 나오는 주장이다. 성과 없는 기업에 대한 지원이라면 당연히 부당한 지원이라 하겠지만 성과가 좋은 기업에 대한 지원을 부당하다고 하는 것은 시장 기능에 대한 무지이다. 한국 기업인들에게 있어 수출은 기업적 성공과 개인적 인생의 성공 여부를 판가름하는 제일 중요한 수단이 되었던 것이다. 따라서 기존의 수출기업들은 물론, 새로 기업을 일으키겠다는 포부를 가진 사람들로써는 수출실적을 올려 국가와 사회로부터 인정을 받는 것이 기업 성공을 위한 지상과제가 되었다.

정리하자면 이러한 수출진흥 전략의 특징은 다음과 같이 요약할 수 있다. 첫째로는 성과에만 엄격하게 집중한 점이다. 즉 수출 성과가 높은 기업들을 우선 지원하는 차별화 전략을 통해 수출지원 정책을 성공시킨 것이다. 매월 열리는 수출진흥확대회의를 통해 수출에 대한 일반적 지원 제도를 철저히 점검함으로써 수출산업 일반의 여건을 지속적으로 개선해나갔고, 연말 수출유공자 표창 대회를 통해 시장의 차별화 기능을 재현해냄으로써 당시만 해도 무척 취약했던 시장의 기능을 강화시킬 수 있었다. 수출산업을 차별적으로 지원하는 산업지원 제도만으로는 부족할 수 있다. 우리는 전통적인 산업지원 정책의 차원을 넘어 차별적 기업 선택 전략이 가미되어야 기업 간 경쟁을 촉진시키고 시장의 차별화 기능을 제대로 재현해낼 수 있음을 환기하고자 한다.

둘째로 기업 선택에 있어 정부가 자의적, 사전적으로 선택하지 않고 시장 검증을 통해 성과를 인정받은 기업을 선택했다는 점이다. 이로써 사전적인 정부 개입이 가져올 부작용을 완화할 수 있었다.

셋째로 기업 선택의 기준이 되는 성과지표를 '달러 표시 수출금액'으로 규정했다는 점이다. 당시 외환 집중제 하에서는 기업들이 달러 수입을 쉽게 분식할 수 없는 상황이었기 때문에 정부의 이런 기준은 투명성을 확보할 수 있는 방법이었고 기업들도 결과에 대부분 승복할 수밖에 없었다.

마지막으로 일반적인 수출주도 정책의 장점을 들 수 있다. 당시의 대기업들을 국제경쟁에 노출시킬 뿐 아니라 나아가 서로 다른 업종 간의 기업경쟁도 촉진시켰기 때문에 당시 국내 독점 기업들의 지대추구 행위를 줄일 수 있었다는 점도 간과할 수 없다.

(2) 자조自助하는 마을만 지원한 새마을운동[32]

새마을운동은 1970년대 전국적으로 전개된 농업·농촌정책이다. 새마을운동은 국민적 의식개혁 운동과 경제정책의 결합이라는 점에서 박정희 시대의 여러 개발사업과 구별된다. 박정희 대통령은 한국 사회에서 가장 정체되어 있던 농촌사회를 일으켜 세우기 위한 방편으로 단순한 경제적 지원이 아닌 의식개혁 선행의 '잘 살기' 운동이 필요하다고 보았다.

"빈곤을 자기의 운명이라 한탄하면서 정부가 뒤를 밀어주지 않아 자기가 빈곤 속에 있다고 빈곤이 타인의 책임인 것처럼 불평을 늘어놓는 농민은 몇 백 년이 걸려도 일어설 수 없다. 의욕 없는 사람을 지원하는 것은 돈 낭비이다. 게으른 사람은 나라도 도울 수 없다"

이것이 새마을운동을 시작하면서, 그리고 새마을운동 기간 내내 대통령이 지속적으로 전달한 대對 농민 메시지였다. 즉 박정희의 새마을운동은 자립·자조 의지가 있는 마을과 농민들을 우대하는 '차별화' 정책을 기본적 작동원리로 삼았던 것이다.

새마을운동의 첫해인 1970년에 정부는 전국의 3만 4,000여 개의 마을에 200 내지 300포대의 시멘트와 1톤가량의 철근, 그리고 약간의 현금을 마을 규모에 따라 적절히 지원했다. 그 다음 해에 성과를

---

32 이 또한 큰 틀에서 보면 농업·농촌육성을 위한 정책으로 산업정책의 범주에 포함시킬 수 있다고 생각한다.

평가한 결과 1만 6,000개 마을은 100%의 성과를 달성했지만, 과반이 넘는 나머지 1만 8,000개 마을은 성과가 적었다. 당시 정부의 공개 및 비공개 암행 감사에 의하면 많은 마을들이 시멘트 포대를 쌓아놓고는 비가 내려도 이를 덮지 않고 방기한 경우가 많았다고 한다. 이를 두고 제2차년도 새마을운동 사업 지원 방식에 대해 논란이 많았다. 박정희 대통령은 사실상 당시 인기가 없었던 장기집권 체제의 명운을 걸면서까지 성과가 좋지 않았던 1만 8,000개의 마을에는 지원을 끊고 성과가 좋았던 1만 6,000개의 마을만을 대상으로 시멘트 100~200포대 정도를 추가로 더 지원했다. 당시 공화당과 국무회의, 그리고 주무장관들의 반대를 무릅쓴 조치였다.

정부는 제2차년도 사업을 시작하면서 배제된 마을들에 대해 "어떤 마을이든 자력으로 새마을운동에 참여해서 성과를 내지 않으면 지원하지 않겠다"라는 방침을 시달했다고 한다. 그러자 지원을 받지 못한 1만 8,000개 마을 중 6,000개의 마을이 자력으로 참여를 시작해 결국 100% 이상의 성과를 내었다. 그 다음 해에 이 6,000개의 마을에 대해서도 지원이 늘어났다. 이런 식으로 박정희 대통령은 전국 마을을 참여도가 가장 낮은 '기초마을', 이보다 조금 더 열심인 '자조마을', 그리고 성과가 가장 높은 '자립마을'로 구분했다. 물자의 지원은 기초마을을 제외, 자조마을과 자립마을에만 배분되었다.

'스스로 돕는 마을만 지원한다'라는 정부의 차별적 지원정책은 결국 새마을운동을 전국적으로 확산시켜 농촌사회에 소위 '하면 된다'라는 발전의 정신을 일으키는 데 기여하였다. 사실 사람의 생각과 행동은 쉽게 바뀌지 않는다. 대대로 내려온 찌든 가난 속에서 무기력하게 하루하루를 영위하던 당시의 농촌사회를 자조·자립정신이 충만한 공동체로 바꾸는 것은 거의 불가능한 듯 보였다. 농촌사회를 구성하는 개개인의 사고 전환이 있어야 이에 따라 행동도 바뀌는 것인데 이것은 쉽지 않은 문제이다. 굳어져 버린 사고와 이에 따른 행동양식은 단순히 교육을 많이 한다고 해서 바뀌는 것이 아니다.

그렇다면 어떻게 해야 의식개혁이 일어나고 행동도 바뀌게 되는 것일까? 박정희 대통령은 행동경제학Behavioral Economics의 원리인 인센티브 제도를 적극 활용한 셈이다. 물론 당시에 박정희 대통령이 행동경제학을 알리는 만무하지만 대신 인간 행태의 원리를 꿰뚫어 본 셈이다. 새마을운동을 설계하고 추진할 때 인센티브의 차별화를 통해 사람들의 행동이 바뀌도록 유도하고, 행동이 습관이 되면서 나아가 생각까지 바뀌도록 유도하였다. 자조하는 사람을 앞장세우고, 자조하지 않는 사람을 버린다 함으로써 모두를 자조하는 사람으로 일으켜 세운 것이다. 자조가 습관이 되면서 '하면 된다'라는 생각을 마음에 심어주는 데까지 성공한 것이다. 한강의 기적을 배우고자 하는 나라들이 알아야 할 것이 바로 이러한 사실들이다.

표 4 새마을운동과 농가소득 증대

	1971	1972	1973	1974	1975	1976	1977	1978	1979	1980	1981	1982
농가소득(만원)	36	43	48	67	87	116	143	188	223	269	369	447
상대수준(%)	89.1	94.0	99.2	117.6	111.0	109.2	112.7	108.7	95.3	95.9	109.4	118.7

주: 상대수준=(농가소득/도시근로자가구 소득)X100(%)
전상인(2010)

한편 우리가 주장하는 발전 원리에 따르면, 박정희 정부가 두 번째 해에도 똑같이 나누어 평등하게 분배하는 식으로 지원했더라면 새마을운동은 성공하지 못했을 것이다. 새마을운동의 추진 결과는 매우 성공적이어서 시작 후 불과 5년 만인 1974년도에 농촌과 도시의 가구당 소득수준이 같아졌다. 도시근로자 가구와의 상대소득은 1974년에 100%를 넘어섰으며 1977년에는 143만 원이라는 농가소득 목표도 달성하였다. 또한 1972년에 자립마을은 7%에 불과하였고, 기초마을은 53%나 되었지만 1979년 말에는 자립마을이 99.7%에 달했다. 이는 1981년으로 잡았던 새마을운동의 장기계획 목표를 2년 먼저 조기에 성공적으로 달성한 것이다.

(3) 우량 대기업만 참여시킨 중화학공업 육성정책

수출진흥 정책에 힘입어 경공업 수출이 획기적으로 신장함에 따라 경제도 고도성장 궤도에 진입하게 되었다. 하지만 경공업 중심의 수출전략은 저임금에 기초한 노동집약적 제품에 의존하는 한계가 있었으므로 지속적인 고도성장을 유지하기에는 어려움이 있다고 당시 정부는 판단했다. 이런 이유로 노동집약적 경제로부터 기술집약적 경제로의 구조 전환과 지속적인 수출 증대를 위해 부가가치가 높은 중화학공업 육성의 필요성이 대두되었다. 또한 1970년대 들어 남북 간의 긴장이 고조되고 베트남이 공산화되는 등 안보위협이 급증함에 따라 방위산업 증강이 중요한 과제로 부상하였고 이 또한 중화학공업 육성·추진 동기 중의 하나로 작용하게 되었다. 1973년 1월 박정희 대통령이 연두기자회견을 통해 '중화학공업화'를 선언하면서 당시 정부는 본격적인 중화학공업 육성정책을 추진하게 되었다. 정부는 한국경제의 중화학공업화를 통해 1980년 수출 100억 달러를 달성하고 1인당 GNP도 1,000달러를 이루겠다는 장기목표를 설정하였다.

중화학공업 추진 주체를 선정함에 있어 박정희 정부는 일정한 자본력을 갖추고 능력 있는 기업들을 중심으로 사업권을 부여하고 이들을 지원하는 차별화 원칙을 고수하였다. 중화학공업 육성의 핵심 수단 중 하나였던 국민투자기금을 지원할 때에도 자기자본 25%에 정부 지원 75%라는 원칙을 세우고, 그만큼의 자본조달 능력이 있는 기업만 차별적으로 지원했다. 물론 이런 중화학공업화 지원 조건을 만족시키기엔 기존에 성공했던 대형 종합상사들이 유리했던 점도 있다. 이는 오늘날의 대기업 집단, 즉 재벌이 만들어지는 단초가 되기도 했다. 그런데 그동안 학계에서는 중화학공업 육성정책을 '정부의 특정 산업 육성에 따른 전형적인 자원 배분의 왜곡'과 '과잉투자에 따른 인플레 등 거시경제 불균형을 초래한 정책'이라고 비판해왔다. 그러나 오늘날 소위 한국경제를 먹여살린다는 주력 업종들이 거의 모두 이 1970년대에 시작된 산업들임을 감안한다면 당시의 중화학공업화 전략은 성공했다고 봐야 한다.

여기서 우리는 1970년대 중화학공업화 전략의 성공 요인은 정부의 개입 그 자체에 있는 게 아니라는 점을 강조한다. 오히려 우리는 엄격한 차별화 원리를 바탕으로 정부가 개입했기 때문에 중화학공업화 전략이 성공했음을 환기하고자 한다. 중화학공업 부문 진입이 허용된 대부분의 기업들이 세간의 비판처럼 소위 독재정권에 순응하여 정권의 수출진흥 정책에 적극 참여한 세칭 정경유착의 수혜자들일 수도 있다. 그러나 설사 그랬다 하더라도 이들 기업들만이 시장에서의 적극적 수출을 통해 능력 있는 기업으로 인정받았던 것은 잊지 말아야 할 사실이다. 이 기업들을 중심으로 진입을 허용함으로써 당시 정부는 의도했든 안 했든 결과적으로 발전의 원리에 합당한 차별화 정책을 택한 셈이 된 것이다. 만약 당시 우리 정부가 '산업균형과 사회적 형평'이라는 명분으로 수출진흥에 성공한 기업들을 배제한 채 중소기업들이나 중소기업 컨소시엄에만 진입을 허용했다면 어떤 결과를 가져왔을지 상상하기는 어렵지 않다.

(4) 차별화 원리를 실천한 중소기업정책

한편 중소기업의 육성에 있어서도 오늘날과는 다른 엄격한 차별화 원리가 적용되었다. 1960년대 중반 수출주도 정책을 추진하면서 중소기업을 수출기업으로 육성하는 문제가 중요한 정책 과제로 부각되었다. 당시 중소기업 육성을 담당했던 실무국장의 회고록에 의하면 당시의 중소기업 육성정책 기조는 다음과 같았다.

"결국 중소기업을 육성한다고 해서 모든 중소기업을 다 살릴 수는 없다는 결론이 나온다. 정책적으로 모든 업체를 균등하게 도와줄 수는 없다. 살아남는 공장은 도와주고 죽을 공장은 전업하도록 해야 한다. 키울 것은 키우고 자를 것은 자르는 결단이 필요하다. (중략) 중소기업체도

종업원 수가 적다는 것 외에는 대기업과 별다를 것이 없는 것이다. (중략) 중소기업은 전문화해야 한다. 그 분야에서 국내는 물론 국제적으로도 경쟁이 가능해야 살아남을 수 있다. 국제경쟁에서 이길 때 그 업체는 성공하는 것이며, 작은 거인이 되는 것이다. (중략) 따라서 결론은 시장의 크기(수출 포함)를 생각해가면서 우량업체만 육성해야 한다는 것이다. 나머지 업체는 과감하게 솎아내어야 한다."[33]

소위 '중소기업 고유업종 제도 도입'이 최근까지도 논란이 된 바 있다. 1964년 이 제도의 시초가 된 중소기업사업조정법을 제정할 때도 우리 정부는 우량기업은 보호·육성하되 불량 중소기업은 적극 정리하는 원칙을 고수했다고 알려져 있다. 이렇게 엄격하게 차별화 원리를 일관되게 지켜온 것이 결국 당시의 많은 우량 중소기업들을 수출기업으로 발전시킨 성공 요인이라 할 수 있다.

6. 기업육성 전략

한국이 경제개발을 본격적으로 추진하였던 1960년대 초에는 대기업이라고 불릴 수 있는 기업은 거의 없었다. 글로벌 기업의 반열에 올라선 지금의 몇몇 대기업들은 그 당시 국제기준에서 볼 때는 그야말로 중소기업에 불과한 수준이었다. 중소기업이 대기업으로 성장

---

[33] 당시 상공부 공업 제1국장을 지낸 오원철 씨의 회고록, 오원철(1996, 제2권, pp. 16-17)에서 인용. 그리고 1960년대 중소기업정책에 대한 보다 상세한 기술에 대해서도 같은 책 제1부를 참조.

하는 것 자체가 쉽지 않은 일이며 더구나 저개발 국가의 중소기업이 세계 수준의 대기업으로 성장한다는 것은 상당히 보기 어려운 사례이다. 제2차 세계대전 이후 후진국이 중진국을 거쳐 선진국으로 성장한 사례를 보기 힘든 이유도 바로 그 때문이다. 따라서 한국의 기업 성장 사례는 경제발전에 있어 예외적인 성공사례라고 할 수 있으며 박정희의 탁월한 점을 바로 여기에서 찾을 수 있는 것이다. 그는 국민경제의 성장과 기업 성장은 분리하여 생각할 수 없다는 점을 분명히 알고 기업을 경제성장의 주역으로 삼음과 동시에 그 기업들이 중소기업에서 대기업으로 성장하도록 유도하였다. 그렇게 함으로써 '기업 육성'이 산업정책의 성공과 함께 이루어지도록 한 것이다.

그 성공을 가능케 한 박정희의 '기업부국 패러다임' 작동 원리는 무엇인가. 박정희는 '기업'을 핵심 경제주체로 등장시킴과 동시에 성과에 따라 지원을 달리하는 인센티브의 '차별화' 원리를 엄격히 시행하여 기업의 성과를 이끌어내는 메커니즘으로 활용하였다. 이는 박정희 경제 패러다임을 이해하는 데 있어 매우 중요한 요소이다. 박정희는 기업과 인센티브의 차별화라는 두 요소가 경제발전의 원리를 구성하는 핵심 요소임을 제대로 이해하고 있었던 지도자였다.

자본주의 경제에서 기업 간 경쟁은 피할 수 없으며 결국 승자와 패자를 낳는, 즉 시장의 선택을 통한 차별화 과정을 거친다. 시장의 상당 부분 또는 대부분은 승자가 장악하게 되고 인력, 자금 등 자원 집중 과정을 거쳐 기업 규모 증대 및 기업집중이 발생하게 된다. 하지만 인위적 진입장벽이 없다면 승자의 지위는 또 다른 도전자들에 의해 위협받는다. 승자의 성공 노하우know-how는 이른바 무임승차free-rid-ing에 노출되고 새로운 경쟁력 확보 없이는 지속 경쟁에서 항상 이길 수 없게 된다. 경쟁 우위를 점하기 위한 기업들의 노력으로 새로운 부가가치가 창출되고 이것이 거시적으로는 경제성장으로 나타나는 것이다. 이 과정에서 성공한 기존 기업들의 상당수가 경쟁의 우위를 지키지 못해 결국 새로운 승자로 대체되는 것이 보편적 현상이다.

박정희는 이 같은 자본주의 경제발전의 역동성을 경제정책을 통해 구현하고자 하였다. 기업이 성장할 수 있는 시장 기반이 제대로 갖추어지지 않은 경제개발 초기에는 자원 배분에 있어 정부의 개입이 불가피한 상황이었으므로 박정희 정부는 '성과에 따른 인센티브의 차별화'를 통해 자원 배분을 효율적으로 달성하였다. 여기서 차별화는 '경제적 차별화'로서, 경제적 성과에 따라 다른 보상이 이루어지는 것을 의미한다. 만약 시장이 잘 작동한다면 경제적 차별화가 효과적으로 이루어져, 경쟁력 있는 상품(또는 기업)이 더 많은 선택을 받는, 즉 성과에 따른 보상이 이루어지게 된다.

차별화는 시장의 핵심 작동 원리이지만 시장 자체가 충분히 형성되어 있지 않은 상황에서는 정부가 '관치 차별화'를 정책화함으로써 시장의 기능을 모사摸寫, mimic할 수 있다. 즉 기업이라는 핵심 플레이어와 차별화라는 경기 규칙 결합이 박정희의 기업부국 패러다임의 핵심이라 할 수 있다. 덧붙여 성장론의 관점에서 박정희 '기업부국 패러다임'을 명명命名하자면 차별화 원리에 기초한 '기업 주도 성장corporate-led growth'이라 할 수 있다.

이상의 논의와 관련하여 당시 한국을 자주 찾았던 미국의 미래학자 허만 칸Herman Kahn과 박정희 대통령과의 면담 내용을 소개한다.[34]

허만 칸: "한국의 경제성장은 한마디로 경이적인 것이오. 대통령께서는 경제학을 공부할 기회가 없었던 것으로 아는데 어떻게 자본축적이 없는 상황에서 이토록 훌륭한 경제기적의 대업을 이룩할 수 있었소?"

박정희: "물론 경제학을 전공하지는 않았소. 경제학자가 경제를 많이 안다고 해서 실물경제에 밝거나 은행원이 돈을 만진다고 해서 재벌은 아니질 않소. 실제 경제를 움직이는 것은 경제학자가 아닌 재벌이란 점을 알면 됩니다. 나는 그들을 활용했소. 그들에게 어떠한 환상을 심어주고, 움직이게 하려면 먼저 그들이 신바람 나게 뛸 수 있도록 이들에게 이익이 돌아갈 지혜를 짜내어야 합니다."

허만 칸: "동방에 공자와 맹자, 석가와 같은 선지자가 많다는 것은 들었지만 전쟁밖에 모를 군인 출신의 대통령이 어쩌면 그토록 복잡한 경제수리 분야의 지혜를 짜 낼 수 있단 말이오?"

---

34 윤한채, 『다시 조명해본 박정희 대통령』, 2010, 과학사랑, pp 277-278. 이 인용은 면담 일자 등 출처에 대한 정보가 명확하지 않지만 고인이 된 저자가 당시 국방부 정보 분석관으로서 청와대 면담 등에 대한 정보를 접할 수 있었던 신분이었기 때문에 신뢰할 만하다고 생각한다. 더구나 허만 칸 박사가 1973년 11월 13일, 1975년 2월 10일, 그리고 1978년 10월 10일, 총 세 번에 걸쳐 방한, 대통령을 면담한 후 발간한 저서(Kahn, 1979, Chapter 6)에서, 면담 내용을 직접 언급하지는 않았지만, 한국의 경제발전 같은 경우 기업의 역할이 두드러졌음을 강조하고 있으므로 인용의 신빙성이 뒷받침된다고 할 수 있다.

박정희: "그것은 정성입니다. 나의 정성과 혼을 경제계획에 집중적
으로 쏟으면 반드시 지혜가 흘러나오기 마련입니다. 나는 새로운 경제
계획을 입안할 때마다 무수한 밤을 새우며 일합니다. 숫자 하나하나에
나의 정성과 혼을 불어넣습니다. 그러면 숫자가 생명력을 가지게 되지
요. 숫자가 살아 움직여야 성공합니다. 숫자가 살아 움직일 때 지혜는
솟아오르게 마련이니까요."

  박정희의 차별화를 통한 기업부국 패러다임의 구체적 실행 사례
는 앞서 살펴본 관치 차별화 산업정책에 잘 나타나 있다. 가령 자금
과 사업권 등을 배분할 때는 성과를 낸 기업, 혹은 일정 수준 이상의
자격을 갖춘 기업만이 그 혜택을 입을 수 있었다. 예를 들어 1960년
대 수출진흥 정책 시기에 자금 지원과 세제 혜택을 받기 위해서는 수
출실적이 뛰어나야 했다. 즉 수출실적이 우수한 기업에 더 많은 정부
지원이 이루어진 것이다. 이런 식으로 성장하는 기업을 더 성장하게
만드는 '기업 육성'이 이루어졌다. 중화학공업을 육성을 할 때는 수
출에 성공하여 중화학공업을 영위할 수 있는 능력을 갖춘 기업들만
중화학공업 분야에 진입할 수 있었다. 이렇게 성장한 기업들이 한국
경제의 놀라운 성장을 이끌어냈다. 따라서 한국경제의 성장사史는 기
업의 성장사이기도 하다.
  한편 '내부역량을 키워 성장하는 방식'과 더불어 인수합병과 같
이 외부의 기회를 포착하여 성장할 수 있는 기업 생태계도 조성하였
다. 현재 한국의 대표 기업집단들의 성장에는 활발한 인수합병이 상

당히 기여를 하였다. 특히 부실기업 정리 또는 산업구조조정 과정에서 한계에 부딪힌 기업들을 능력 있는 기업들이 인수할 수 있도록 자금 지원 등의 인센티브도 제공하였다. 당시만 해도 인수합병 시장이 제대로 형성되지 않은 상황이어서 기업 인수합병이 자발적으로 이루어지기는 어려웠다. 이에 정부가 일정한 역할을 맡아 인수합병의 성사를 촉진시켰다. 이 과정을 통해 자본이 축적되고 기업 규모가 커지면서 '기업 육성'이 이루어진 것이다.

한편 개발연대의 기업 육성 과정은 '중소기업 육성'의 과정이기도 하였다. 현재의 대기업들은 개발연대 초기 모두 중소기업 수준이었지만 그중 경영 성과를 내는 기업에 자원이 집중되고 타기업 인수 기회와 인센티브를 부여함으로써 이들은 대기업으로 성장하게 되었다. 몇 가지 사례들을 살펴보면, 1938년에 출범한 삼성은 처음에는 농산품 및 가공식품 판매 기업이었으나 그 후 수십 년이 흐른 현재, 세계의 톱클래스 IT기업인 삼성전자를 주력으로 하는 기업집단으로 성장하였다. 또 다른 예로 작은 자동차 수리 가게에서 시작한 현대는 1946년에 설립된 현대자동차와 그 뒤를 이어 설립된 현대건설 그리고 현대중공업 등을 중심으로 기업집단을 형성하였고, 지금은 현대자동차그룹, 현대중공업그룹 등으로 분화되었다. 1947년 작은 화장품과 치약 공장으로 시작된 LG그룹의 경우, 세계적 브랜드인 LG전자를 보유한 LG그룹으로 성장하였다. 대우 역시 1967년 5,000달러로 시작한 작은 수출기업이었다가 단기간에 한국에서 가장 세계화되고 수출을 많이 하는 그룹으로 성장하였다. 대우그룹은 1999년 금융

위기로 해체되었지만 계열사의 많은 멤버들은 여전히 같은 브랜드를 유지하며 한국의 산업을 이끌고 있다. SK그룹은 1953년 작은 섬유 제조사로 시작했으나 SK텔레콤과 하이닉스반도체를 주력으로 하는 기업집단으로 성장하였다. 1968년 시작된 포스코도 세계에서 가장 경쟁력 있는 제철기업이 되었다.

현재 한국경제를 이끌고 있는 대기업들은 모두 개발연대 시기를 거치면서 급속히 성장하였고 이제는 단순히 대기업을 넘어 글로벌 기업이 되었다. 쌀과 국수를 팔고 조악한 화장품을 만들던 기업들이 세계 수준의 반도체, 디스플레이를 만드는 기업으로 변모한 것이다. 즉 기업이 생산하는 상품의 복잡성이 크게 증폭하는 '창발emergence'이 이루어진 것이다. 결국 한국경제의 성장은 기업 부문의 창발이 이루어진 결과라고도 할 수 있다.

저개발 국가의 산업화라는 것은 농경사회로부터 산업사회로의 변화를 바로 기업이 만들어내는 과정이며 이는 '차별화' 메커니즘이 관철되면서 기업이 성장하는 과정이기도 하다. 저개발 국가가 경제 도약에 성공하려면 이 과정을 전략적으로 수행할 수 있어야 한다. '한강의 기적'은 그것을 성공적으로 수행한 사례이다. 이 같은 관점에서 한국의 산업화 과정을 이해해야만 '한강의 기적'이 저개발 국가의 성장 모델이 될 수 있다.

7. 박정희 시대의 정치의 경제화

이상의 박정희 시대 경제발전정책의 성공은 궁극적으로 '정치의 경제화'라는 경제발전의 대★전제조건을 충족함으로써 가능하였다. 박정희 시대는 정치가 경제에 영향을 미칠 수 없는, 그래서 정치가 경제발전에 봉사했던 철저한 '정치의 경제화' 시대였다. 정치가 경제적 차별화 원리를 적극 수용함으로써 성과에 따른 경제적 차별화 원리가 온전히 실천될 수 있었던 시대였다.

예컨대 혁명 초기, 정치적 명분이 농후한 이유로 부정축재 혐의 하에 11명의 기업인들을 구속했다가 경제개발 참여와 추후 추징금 납부 조건으로 석방시킨 것은 경제 우선의 실용적 결단이었다. 전술한 바와 같이 새마을운동의 지원 방식에 있어 박정희 대통령이 차등 지원을 결정한 것도 해당 사례이다. 정부의 여러 각료들과 정치권은 균등지원을 주장하였으나 박정희 대통령은 이런 식으로 정치적 부담을 떠안지 않으려는 비겁함을 배격하였으며, 철저히 성과에 따라 차별적 지원을 결정하였다. 또 다른 사례로는, 정치적 고려가 아닌, 수출실적 등 철저히 시장의 성과에 따라 지원한 기업육성정책 등을 들 수 있다. 박정희 대통령의 권위주의적 리더십이 비판받고 있으나, 바로 이것이야말로 경제적 차별화 정책에 대한 정치적 왜곡을 막는 데 기여한 것이며 이는 부정하기 어려운 사실이다. 그의 권위주의 리더십이 '낮은 성과에 더 많은 보상'을 요구하는 평등주의적 포퓰리즘 정치로부터 '높은 성과에 더 많은 보상'을 요하는 경제적 차별화 원리를 방어하는 데 결정적이었다는 의미이다. 그래서 박정희 경제정책 패러다임을 '정치의 경제화를 통한 경제적 차별화 패러다임'이라고 할 수 있다.

박정희의 정치의 경제화가 얼마나 중요한 전략이었는지 좀 더 살펴보기로 하자. 1990년대 공산권 몰락과 시장경제체제 전환 과정에서 경제자유화의 순서에 대한 논쟁이 있었다. 대립하는 두 견해 중의 하나는 경제의 전全 분야를 동시에 자유화하는, 소위 충격요법으로써의 빅뱅접근법Big-bang approach이고, 또 다른 하나는 조정 비용을 최소화하기 위해 경제부문 간 개혁 적응속도에 따라 느린 부문부터 순차적으로 자유화해야 한다는 주장이었다.[35] 결과적으로 역사는 점진적 개혁을 택한 중국이나 베트남 경제가 빅뱅 방식을 택한 러시아와 동구권에 비해 상대적으로 월등한 성과를 나타내면서 점진적, 순차적 자유화가 옳았음을 시사하고 있다. 조정 속도가 늦은 부문을 우선 개혁하고 속도가 빠른 부문은 늦게 개혁하여 양 부문의 균형 있는 변화를 유도해야 조정 비용과 경제에 대한 부담이 최소화되고 효율적 구조조정이 가능하다는 것이다.

그런데 신新 제도경제학적 관점에서 보면 이런 논리는 경제부문에만 적용되는 것이 아니다. 필자는 국가 운영 체제 전반의 개혁 과정은 이런 경제 내부에 한정된 개혁 순위보다 정치와 경제부문 간의 개혁 순서가 더 중요한 과제라고 본다. 정치의 민주화와 경제의 시장

---

35 전자는 Jeffrey Sachs(1993), 후자는 Ronald Mckinnon(1991).

경제화라는 두 과제를 어떻게 접근할 것이냐의 문제이다. 이런 관점에서 보면 중국·베트남과 러시아·동구권과의 두드러진 차이점은, 전자의 경우 정치민주화(혹은 자유화)보다 경제자유화(시장화)를 먼저 한 반면 후자는 둘을 동시에 했다는 점이다. 그래서 소위 민주화된 동구권의 체제 전환국들은 사회주의 평등 이념을 청산하지 못한 채 경제가 정치화되면서 아직도 사회주의 정책의 영향에서 벗어나지 못하고 있는 반면, 중국과 베트남은 비민주적 정치체제 하에서 자본주의 시장경제의 진수인 '차별과 경쟁'의 원리를 선진 자본주의 경제보다도 어떤 면에서 더 적극적으로 실천하고 있다. 이것이 바로 두 그룹 간의 경제 성과 차이를 가져온 것이다. 공산당 일당독재체제가 본질적으로 가지는 명확한 한계에도 불구하고 '정치의 경제화'를 효과적으로 추진함에 있어서는 비민주적 정치체제가 효율적일 수 있는 사례인 것이다. 물론 구舊소련, 마오쩌둥의 중국, 북한이나 일부 아프리카 등에서 볼 수 있듯이 비민주적 정치체제가 '경제의 정치화'를 더욱 심화시켜 국가 경제를 나락에 빠뜨릴 수도 있음은 경계할 일이다.

1인 1표 민주주의가 초래할 수 있는 경제평등주의의 함정을 차단한 박정희 식 정치의 경제화 전략은 중국과 베트남에게 있어 하나의 성공 교훈으로 작동하였다고 볼 수 있다.[36] 덩샤오핑鄧小平의 둘째 아들인 덩즈팡鄧質方은 "내 아버지는 미하일 고르바초프를 바보로 생각한다"라고 술회한 것으로 알려져 있다. 고르바초프가 정치체제 개혁

---

36 베트남이 점진적 개혁의 범주에 들어가지만 그 성과 면에서는 중국에 훨씬 못 미치고 있다. 이는 후술하는 바와 같이 워싱턴 컨센서스를 너무 일찍 수용하면서 정부 주도 시장개혁의 진수인 차별화와 경쟁의 논리를 충분히 활용하지 못하고 있기 때문이다.

을 우선시한 반면, 등소평은 "경제문제를 해결할 수 있는 권력을 잃으면, 경제문제 해결은 요원해지고 결국 인민들에게 쫓겨 날 수밖에 없다"라고 생각했다고 한다.[37] 지금도 중국은 공산당 일당 지배체제가 중국식 협의민주주의로서 서구 민주주의의 대안이라고 주장하고 있다.

그렇다면 어째서 선先 시장경제화가 선 정치민주화에 비해 더 좋은 경제성과를 가져오게 되는가? 답은 개혁의 조정 비용을 최소화해야 하는 자유화 순서이론에 있다. 정치와 경제 중에서 어느 쪽이 조정 속도가 더 빠른지의 문제이다. 정치의 민주화는 대한민국이 건국될 때 일거에 1인 1표 민주주의 제도를 도입했듯이 하루아침에 선거 제도를 개혁하면 실행할 수 있는 것이다(물론 민주주의의 질 혹은 수준에 대해서는 더 많은 논의를 필요로 하겠지만 본서의 범위를 벗어난다고 생각한다). 그러나 경제는 이와 다르다. 경제학은 어떤 개혁이 진정으로 경제 성과에 기여할지, 개혁을 한다고 해서 성과를 내는 시점은 언제인지, 나아가 후진, 저소득 국가가 언제 어떻게 고소득 국가로 탈바꿈할지 등 이 모든 문제에 대해서는 아직도 정확한 답을 가지고 있지 않다.

경제발전이란 전술한 바와 같이 상당히 복잡한 과정을 거치고 인내로 지켜봐야 하는 것이다. 그러니 경제부문의 조정 속도야말로 정치에 비해 너무나도 늦다고 할 수밖에 없다. 이런 관점에서 정치와 경제의 두 수레바퀴가 상호 보완적으로 균형 있게 굴러가 국가가 번

---

37 고르바초프와 정치개혁에 대한 덩샤오핑의 견해는 보겔(2014, 563)에서 인용.

영하려면, 정치개혁은 아주 점진적으로, 경제개혁은 속도감 있게 해야 한다. 이것이 개혁의 최적 순서라고 할 수 있으며 이미 민주주의가 도입된 저개발 국가와 같은 경우는 경제에 대한 민주주의 정치의 부정적 영향을 최소화하는 것이 필수불가결해진다. 박정희 시대의 정치의 경제화는 바로 이 지난至難한 문제의 극복 과정이었다고 할 수 있다. 국가 운영의 양 수레바퀴가 어긋나게 시작된 것을 바로잡는 과정이 바로 정치의 경제화 과정이었고 그것이 때로는 권위주의 정치로 표출된 것이다.

그동안에는 경제발전을 위해 민주주의가 먼저 정착되어야 한다는 생각이 지배적이었다. 제2차 세계대전 이후 경제선진국들을 중심으로 민주주의는 경제발전의 필수불가결 전제조건인 양 과거 식민지 등 신생 후진국들에 수출되었다. 20세기 후반 냉전이 자유민주주의와 시장경제체제의 승리로 끝나면서 혹자는 이를 끝으로 체제전쟁의 역사는 끝났다고 선언하기도 했다Fukuyama, 1992. 이제 자유와 평등의 이념을 바탕으로 하는 민주주의는 어떠한 가치보다도 중요한 정치이념으로서 심지어 신神의 경지에까지 이르러, 시장경제와 마찬가지로 경제발전의 선결조건인 양 치부되고 있다.

그러나 이론적으로나 경험적으로나, 민주주의가 경제발전에 도움이 된다는 근거나 증거는 그리 확실하지 않다. 오히려, 많지 않지만, 20세기 들어 가시적인 경제성장과 발전을 가져온 경우들은 대부분 상대적으로 비민주적인 정치체제였다. 논리적으로 보면 1인 1표 민주정치가 오히려 정치적 평등을 넘어 경제적 평등을 추구하는 '평등민주주의'로 개악될 소지가 많기 때문에 경제적 차별화에 역행하는 경제정책 체제를 만들어 내어 경제성장, 발전을 해칠 가능성이 크다. 이런 경험은 오늘날 저성장과 양극화에 시달리는 민주주의 선진국이나 저개발 국가에 좋은 반면교사가 되리라 생각된다.

성과에 따른 경제적 차별화를 앞세우는 정치의 경제화는 경제발전 친화적이지만 역으로 경제적 차별화를 무시하는 경제의 정치화는 경제발전 역행적이라는 역사적 경험과 이론적 명제를 깊이 새길 필요가 있을 것이다.

저성장과 분배 악화 속의
한국경제와 선진국의 과제

1. 한국 경제성장 추락의 배경과 해법

2. 선진국의 저성장과 양극화 극복을 위한 과제

저성장과 분배 악화 속의
한국경제와 선진국의 과제

1. 한국 경제성장 추락의 배경과 해법

(1) 한국경제의 부진

한국경제의 성장률은 최근 몇 년 동안 2% 초중반에서 3% 초반 사이를 맴돌고 있다. 이는 3% 중반 정도로 추정되는 잠재성장률에 미치지 못하는 저조한 성장이다. 주지하다시피 우리나라의 잠재성장률은 1980년대 중반 이후부터 하향 추세에 있다. 잠재성장률과 성장률 추세의 흐름이 거의 다르지 않을 것이기 때문에 잠재성장률은 기본적으로는 그림 11의 성장률 추세선과 유사한 흐름을 보일 것이다. 게다가 2017년부터 시작된 생산인구 감소의 인구 구조 변화 효과까지 겹쳐 잠재성장률 하락세는 가속화될 전망이며 향후 10년 이내에 1%대로 진입할 것이라는 예상도 적지 않다.

경기침체의 장기화 국면을 벗어나기 위해 그동안 각종 재정·금융 정책을 사용해 왔지만 일시적 효과만 가져올 뿐 곧 정체 국면으로 회귀하는 등 추세를 반전시키지는 못하고 있는 상황이다. 재정 확대, 금리 인하 등 거시경제 정책은 경기 조절 기능 이상의 역할을 기대하기 어려우므로 성장률 하락 추세를 막지는 못할 것으로 보인다. 게다가 현 정부의 소득주도성장 정책 기조는 성장률 하락 추세를 가속화시킬 수 있다. 특히 2017년부터 시작된 최저임금의 급격한 인상은 이미 고용 축소와 소득분배 악화를 초래하고 있으며 기업 경쟁력에도 부정적 영향을 미치고 있어 경제 체력을 더욱 약화시키고 있다.

성장률 하락의 근저에는 투자 부진이 있다. 국민총처분가능소득

그림 11 실질GDP 성장률 추이와 추세

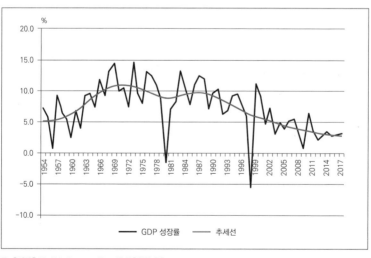

주: 추세선은 Hodrick-Prescott fileter를 이용하여 추출
한국은행

대비 국내총자본형성으로 나타나는 국내 투자율과 그 추세치를 보면 1990년대 초반을 정점으로 이후에는 지속적 하락세를 보이고 있다(그림 12 참조). 투자 부진은 기업의 총저축률 추세가 빠른 상승세를 보이는 와중에 나타나고 있다. 반면 가계의 저축률은 기업의 저축률이 빠른 상승세를 타는 시점부터 하락 추세로 반전함을 알 수 있다(그림 13 참조). 즉 전통적으로 흑자 부문인 가계의 자금을 적자 부문인 기업이 사용하는 것이 아니라 반대로 기업의 여유자금을 가계가 사용하는 상황이 되어버려 당연히 투자는 부진할 수밖에 없는 것이다.

한편 전체 취업자 수 증가율은 하락 추세를 벗어나지 못하고 있다(그림 14 참조). 특히 제조업 취업자 수 증가율의 추세 하락은 더욱 심각하여 2000년대 들어 연평균 증가율(2000~2017)은 0.66%에 불과(산업 전체 증가율은 1.55%)한 상황이다. 500인 이상을 고용하는 대기업 사업체 수도 크게 줄어들고 있다(그림 15 참조). 1987년을 정점으로 계속 그 수가 감소하고 있다. 많은 일자리를 제공하는 대규모 사업장의 감소는 결국 일자리 부족과 일맥상통하는 것이다.

그림 12 총고정투자율 추이와 추세선

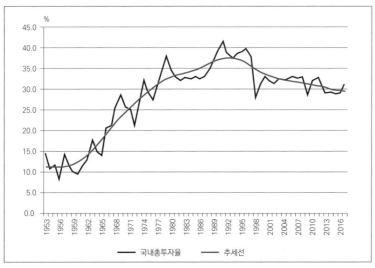

주: 추세선은 Hodrick-Prescott fileter를 이용하여 추출
한국은행

그림 13 기업과 가계 부문의 저축률 추이

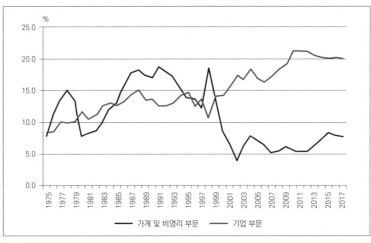

한국은행

그림 14 취업자 수 증가율

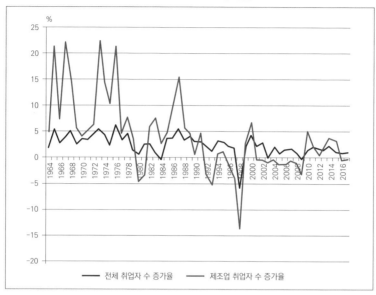

통계청

그림 15 대기업 광공업 사업체(500인 이상 고용)수의 추이

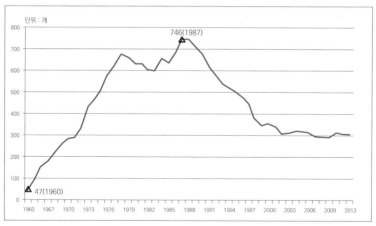

통계청

(2) 구조적 저성장의 원인: 평등주의적 기업정책

한국경제의 문제는 지금의 저성장이 일시적이거나 경기변동적 성격이 아니라는 데 있다. 일시적이거나 경기변동적이라면 통화정책과 재정정책을 통해 경기 하락의 충격을 흡수하면서 경기 상황의 전환을 꾀할 수 있다. 하지만 그동안 경험한대로 저금리와 확장적 재정지출을 통해 얻는 효과는 미미하다. 한국경제는 추세적으로 하락하고 있으며 이는 구조적 문제이다. 구조적 문제는 산업구조의 측면(가령 중국의 부상에 따른 주력업종의 경쟁력 약화 등)도 있겠지만 정책 구조적 측면의 문제가 더욱 크고 이런 정책적 문제가 산업구조의 문제점도 악화시킨다고 할 수 있다. 현재 한국경제를 규율하는 정책 구조는 평등주의적 성격이 강하며 이 특성이 성장 인센티브를 제거하여 경제성장의 하락 추세를 고착화시킨다는 것이 우리의 진단이다.

실질GDP 성장률의 추세선을 보면 1980년대 후반부터 하향세가 본격화된 것으로 보인다. 1980년대 중반의 시기 또한 기업정책의 변화가 본격화된 시기로서 이 정책의 시차효과가 80년대 후반에 나타나기 시작한 것으로 보인다. 1980년대 후반부터 기업정책은 경제력 집중을 교정하는 데 초점이 두어졌다. 대기업으로의 경제력 집중 현상은 이미 1970년대에서부터 정책적으로 교정의 대상이 되었었다. 박정희 대통령은 대기업에 대한 산업정책적 지원은 물론 1972년 8·3조치와 같은 사채동결 조치 등을 통해 기업을 육성 및 회생시키는 노력을 경주하였고 그와 동시에 이들 기업들의 소위 건전한 국민기업으로의 성장을 바라고 있었다. 1973년에는 기업공개촉진법을 제정, 시행함으로써 기업들의 자본구조 건전화와 국민기업으로의 성장을 유도하였고 1974년 5·29조치[38]를 통해 대기업들의 전근대적 경영 관행 개선을 시도하였다. 그러나 여기서 주의할 점은 이 당시 각종 조치를 통한 기업정책은 직접적인 명령이나 규제보다는 적절한 유인을 제공하여 기업의 행태를 원하는 방향으로 유도하고자 하는 의도가 많이 엿보인다는 점이다.[39] 하지만 1980년대에 들어서면서 기업정책은 직접적인 규제를 동원한 정책으로 바뀌기 시작하였다. 특히 1980년대 후반, 헌법에 '경제민주화' 조항이 들어오면서 보다 강력한 대기업 규제정책이 도입되기 시작하였다. 재무구조, 소유구조, 투자행태 등 거의 모든 경영활동에 있어 대기업은 따로 규제를 받기 시작하였고 소위 30대 그룹으로 대기업을 분류하여 보다 집중적인 규제정책을 집행하였다.

1980년에 제정된 공정거래법은 대기업 규제의 역할을 수행하는 법적 장치였는데 이 법을 통해 계열사 간 상호출자 및 채무보증한도 설정, 지주회사 설립 금지, 출자총액 제한, 계열사 간 내부거래 규제 등, 30대 그룹에 대한 경제력 집중 규제정책을 제도화하였다. 그 이후의 대기업정책 변화는 익히 알려진 바대로 부침은 있었지만 기본적으로 30대 대기업 그룹을 대상으로 하는 성장억제적 정책이라는 성격에는 변함이 없는 상황이다. 특정 대기업 규제가 없어지면 곧 이

---

38 5·29조치는 기업공개 유도, 대기업 및 대주주에 대한 여신관리, 기업과 대주주에 대한 세무관리, 기업에 대한 외부감사 제도 강화, 기업의 과도한 금융 의존 시정 등의 내용을 담고 있었다.

39 좌승희(2006, 287).

런저런 이유를 들어 새로운 규제가 생기는 식이 반복되고 있으며(표 5 참조). 이 같은 행태는 앞으로도 지속될 것으로 보인다.

대기업에 대한 차별적 규제정책은 경제발전의 원리인 차별화 원리에 역행한다. 우선 대기업 규제는 성장 인센티브를 제거한다. 정부가 (규모를 기준으로) 규정하는 대기업으로 분류되는 순간 특별한 규제를 받게 되는데 그 규제의 범위도 경영의 거의 전 분야를 아우른다. 또한 대기업도 규모와 영위업종 등에 따라 그 특성이 모두 다른데 우리나라의 대기업정책은 개별 산업과 기업의 특성과는 상관없이 일률적으로 적용된다. 예를 들어 특정 산업의 부채비율은 그 산업의 특성상 매우 높을 수밖에 없는데 이를 무시하고 다른 산업의 대기업과 동일하게 획일적 규제를 받게 되는 경우도 생긴다는 것이다.

한편 대기업정책의 기본 목적은 중소기업정책과 밀접하게 관련되어 있다. 대기업으로의 자원 집중을 막고 이 자원이 중소기업 부문으로 유입되게 하여 중소기업의 성장을 지원하는 것이 대기업정책의 암묵적 목적이기도 하다. 하지만 이는 잘못된 인센티브 구조를 만들어 중소기업도 결국 성장하지 못하는 역설적 결과를 초래한다. 실제로 대기업의 진입이 금지된 업종에서 중소기업이 크게 성장하여 대기업이 된 사례가 거의 없으며[40] 지난 30여 년간 중소기업에서 대기업으로 성장한 예는 손에 꼽을 수 있다. 중소기업은 규모가 커지면서 중소기업으로의 혜택을 잃지 않기 위해 분사分社를 통한 규모 축소

---

40 중소기업 고유업종으로 분류되었던 영화산업에 대기업의 진입이 허용되면서 산업구조의 변화가 일어나고 오늘날 한국 영화산업의 성장을 이끈 사실을 주목할 필요가 있다(좌승희·이태규, 2006).

표 5 주요 대기업집단 규제

구분	김영삼 정부 이전	김영삼 정부 (1993.2~1998.2)	김대중 정부 (1998.2~2003.2)	노무현 정부 (2003.2~2008.2)	이명박 정부 (2008.2~2013.2)	박근혜 정부 (2013.2~2017.3)
여신관리제도	도입(74.7)	폐지(98.7)				
업종전문화 제도	주력업체 제도 도입(91.6)	-주력업종 제도로 화대(93.10) -폐지(97.1)				
출자총액 제한	도입(86.12)		폐지(98), 재시행(01.4)	완화(07.4)	폐지(09.3)	
상호출자 금지	도입(86.12)					
지주회사 규제	설립금지(86.12)		제한적 허용(99.2)			
채무보증 제한	도입(92.12)		전면금지(98.2)			
금융보험사 의결권 제한	도입(86.12)		30% 완화(02.1)	15%로 강화(04.11)		
사외이사 규제	상장법인 사외이사 의무화(98.2)			대기업(2조원 이상) 이사 과반수 이상 사외이사로 의무화(03.11)		
대기업(2조원 이상) 감사위원 규제			감사위원회 설치 의무화(2000)	감사위원 선임 시 대주주 의결권 제한(3%)(2001)		
중소기업 업종 보호	중소기업 고유업종 제도도입(1979)			중소기업 고유업종 제도 폐지(07.1)	중소기업 적합업종 제도 도입(11.10)	
기업집단현황 공시					도입(09.7)	
신규순환출자 금지						도입(13.12)
대형마트 규제					영업시간 규제도입(12.3)	출점 규제 도입(13.1)
일감몰아주기 규제(상증세 강화)						도입(11.12)

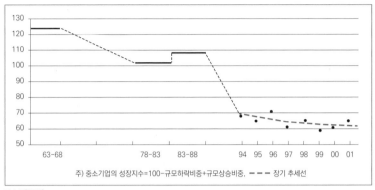

그림 16 중소기업의 성장 추이

주) 중소기업의 성장지수=100-규모하락비중+규모상승비중, - - - 장기 추세선

좌승희(2006)

에 돌입하는 한편 정부 보호 아래 일부 산업에서는 독점적 중소기업으로 지대rent를 누리고 있다. 또한 대기업의 성장을 억제하여 오히려 대기업을 수요자로 삼아 협력관계를 맺고 있는 하청 중소기업의 성장도 막는 꼴이 되고 있다.

그림 16은 중소기업 규모의 성장 추이를 장기간에 걸쳐 비교하고 있다. 적어도 80년대 말까지는 규모 축소, 혹은 성장 정체를 겪는 기업보다 규모가 확대되고 성장하는 기업 비중이 월등히 높았으나 90년대 이후부터는 이 추세가 역전될 뿐만 아니라 규모의 감소 및 정체 추세가 지속적으로 확대되어온 것을 알 수 있다. 중소기업에 대한 지원은 갈수록 확대되고 있는 추세임을 감안하면 그 정책의 결과는 정반대가 된 것이다. 중소기업의 부진에 따라 대對 중소기업 지원을 늘려야 한다는 주장도 있지만 이는 원인과 결과를 완전히 반대로 보는 오류이다. 중소기업의 장기 부진은 오히려 평등주의적 지원 및 보호

정책의 결과인 것이다.

이 같은 상황에서 투자할 역량이 있는 기업은 국내가 아니라 해외 투자에 눈을 돌리게 되고 이는 국내투자 공동화 현상을 초래한다. 국내 기업이 투자하지 않으면 외국기업의 투자라도 국내에 유치해야 균형을 맞출 수 있는데 외국인직접투자마저도 매우 부진한 상황이다.[41] 국내투자가 부진하니 수출과 내수 간 동반성장의 선순환 흐름이 차단되고 저성장과 일자리 창출 정체로 중산층이 축소되면서 소위 소득 양극화 등 온갖 구조적 문제가 발생하게 되는 것이다.

경제력 집중 해소, 대·중소기업 균형 발전, 수도권 규제 등 중소기업과 지방 등 경제적 약자를 위한다는 규제가 만연하게 되면서 수출 대기업들이 국내투자를 기피하고 있다. 또한 민주화 바람을 타고 노조가 무소불위의 전투적 기득권 노조화되어 국내기업의 해외 탈출을 조장하고 외국인투자를 막아 국내투자 신장에 큰 장애로 작용하고 있다. 따라서 기업정책의 획기적 전환 없이는 한국경제의 재도약은 매우 어려울 것이다.

(3) 현 정부의 평등주의적 경제정책의 해악

1980년대 중반 이후 지난 30여 년 동안 한국의 경제정책은 차별

---

[41] 이태규(2016)에 따르면, 2001~2014년 누적액으로 외국인직접투자는 해외직접투자의 절반에도 못 미친다(약 0.45배). 이 같은 상황은 외국인직접투자 유치에 성과를 보이는 싱가폴과 비교해보면 큰 차이를 보인다. 2001~2014년 동안 싱가폴과 우리나라의 해외직접투자 누적액은 싱가폴 약 $276,506(백만 달러), 한국 약 246,011(백만 달러)로 큰 차이를 보이지 않고 있지만, 외국인직접투자 유입액은 싱가폴 약 $495,428(백만 달러), 한국 약 109,800(백만 달러)로 싱가폴이 5배 가까이 많게 나타났다. 비슷한 규모의 해외직접투자를 하면서도 외국인투자 유치 실적이 5배 가까이 차이가 나는 것은 국내투자 환경이 상대적으로 매우 열악하다는 것을 방증한다.

화 원리에서 벗어나 성장 유인을 차단하는 방향으로 추진되어 왔다. 그 결과가 현재의 저성장과 분배 악화인 것이다. 게다가 현 정부 들어서는 더욱 분명하게 박정희 기업부국 패러다임과는 정반대의 길을 가고 있으며 더 나아가 자기파괴적인 경제정책들이 잇달아 추진되면서 한국경제의 앞날에는 더욱 어두운 그림자가 드리워지고 있다.

현 정부는 차별화 대신 경제평등주의를 정책원리로 떠받들며 경제적 약자를 위한다는 미명 하에 열심히 노력한 사람을 역차별하는 정책들을 남발하고 있다. 그 결과 급기야 2019년 1분기 설비투자증가율이 10.8%, GDP 성장률은 -0.3%를 기록하여 경제 위기 상황 때나 있을 법한 마이너스 성장을 기록하였다. 주요국 대부분이 2019년 1분기 플러스 성장한 것으로 예측되고 있는 것(미국의 경우 1분기 GDP 성장률이 연율로 3.2%를 기록)으로 볼 때 나쁜 대외환경이 원인이라는 정부의 변명은 사실이 아니라는 것을 알 수 있다.

현 정부 경제정책의 가장 큰 문제점은 한국경제가 겪고 있는 문제들의 근본 원인이 된 정책들을 더 강화, 남발함으로써 오히려 문제를 더욱 악화시키고 있다는 것이다. '정치의 경제화'로 기적과도 같은 경제적 업적이 실현된 박정희 패러다임에 역행하여 현 정부는 그 이전 정부들보다도 더 강력하게 '경제의 정치화'를 추구하고 있다. 경제민주화를 내세워 노조의 경영개입을 방조하고 주주행동주의(stewardship code 등)를 기치로 경영에 간섭하는 등 기업 경쟁력을 저해하고 기업의 성장 의욕을 꺾고 있다. 기업 지배구조에 관해서는 정답이 없다는 것이 학계의 정설이다. 따라서 기업 지배구조는 과학의 영역이 아니라 진화의 영역이다. 오직 살아남아 최고로 인정받는 기업의 지배구조만이 최선인 것이다. 게다가 대기업에 대한 연기금의 지배구조 개입과 배당 강화 압력은 기업의 투자를 약화시켜 성장과 분배를 모두 악화시킨다. 1980년대 이후 주주행동주의로 미국 경제의 성장과 분배가 악화되었던 경험을 잊지 말아야 한다.

또한 반反시장적 평등주의 규제로 기업 투자를 막아놓고 전투적 노조를 국정의 파트너인 것 마냥 호의적으로 대하니 기업 투자가 활성화될 리 없다. 정부는 대기업은 억누르는 한편 중소기업 육성을 통해 경제의 활력을 찾고자 하지만 차별화 원리 없는 중소기업 지원정책은 별 효과가 없다. 이러한 사실은 지난 수십 년간 증명되어 온 바이다. 한국 대기업의 문제는 대기업 수가 부족하다는 것이 문제이다. 삼성 같은 대기업이 10~20개만 있으면 많은 경제문제가 해결될 것이다. 대기업의 수가 많아지고 대기업의 국내투자가 활발히 이루어져야 내수도 활성화되며 중소기업, 자영업자, 근로자 모두 소득을 창출할 수 있는 기회가 많아지는 것이다. 성장과 분배라는 두 마리 토끼를 잡으려면 이 같은 선순환 구조가 만들어져야 한다.

또한 현 정부는 소득주도성장이라는 의사疑似, pseudo성장론으로 포장된 '퍼주기 식' 정책으로 경제의 활력을 저하시키고 저소득층을 더욱 어렵게 만들어 분배구조마저 더욱 악화시키고 있다. 소득주도성장의 대표격이라 할 수 있는 최저임금의 급격한 인상과 주 52시간 근로시간 강제는 결국 사용자, 근로자 모두에게 피해를 입혀 영세자영업자들의 소득 급감과 폐업 증가, 모든 기업들의 비용 증가로 인한 일자리 감소와 실업(특히 청년실업) 증가를 초래하고 있다. 또한 정부는 폭발하는 영세자영업자의 불만을 누그러뜨리기 위해 카드 수수료를 강제로 인하하는 등 시장의 가격을 강제하는 반反시장적 '돌려 막기식' 행태를 자행하고 있다.

소득은 발전의 결과이지 원천이 아닌데도 원인과 결과를 전혀 반대로 생각하다 보니 의도하였던 정책 효과는 나오지 않고 부작용만 양산하고 있다. 그리고 이 부작용을 땜질 처방으로 무마하려다 보니 더욱 경제 상황을 악화시키고 있는 설정이다. 일은 적게 하고 임금은 더 받는 지상낙원을 싫어할 근로자는 없겠지만 이를 견뎌낼 기업은 많지 않다. 기업의 성장 둔화와 도산으로 실업이 만연해지면서 모두가 잘 사는 사회주의적 지상낙원은 결국 일장춘몽으로 끝날 것이 분명하다. 시간문제일 뿐이다. 이미 서구 사회민주주의 국가들의 경험이 이를 웅변하고 있다.

정부는 이와 같이 효과는 없고 부작용만 양산하는 지속 불가능 경제정책을 정당화하고 여론의 지지를 얻으려다 보니 이념적 대립의 조장도 서슴지 않고 있다. 사회주의·평등주의적 이념과 정책으로 국민들의 국가 의존성을 높이고 반反 자조정신을 조장하는 한편 부자와 가난한 자, 대기업과 중소기업 등 한국사회를 갈등구조로 양분하여 약한 자를 위한 불가피한 정책인 양 정부의 무리한 정책을 강변하고 있다. 이는 정부가 마땅히 해야 할 국민통합의 의무를 저버리는 행위이다. 문재인 대통령은 "우리가 경제적 불평등이 세계에서 가장 극심한 나라가 되었다"라고 공개적으로 주장(2019.1.10. 신년기자회견)하고 있지만 이 또한 이념적 대립을 부추기기 위한 거짓말에 지나지 않는다. 한국의 소득분배는 1990년대부터 악화되고는 있으나 국제적으로 보면 아직은 양호한 편에 속한다. 2018년 UN 인간개발 보고서에 따르면, 한국은 (지니계수) 154개국 중 28위(독일 일본 프랑스 등과 비슷하며 미국과 중국보다 훨씬 양호)를 기록하고 있다.

결국 정부가 현재의 사회주의적 평등 지향 정책을 유지하는 한 성장과 분배의 악화는 피하기 어려울 것이다. 과거 박정희 시대의 성장과 분배의 선순환 경험이 다른 저개발 국가에 경제성장의 모델이 되었다면 최근 한국의 추락은 이들 국가에 반면교사로서 교훈을 주고 있다.

(4) 저성장 극복을 위한 정책 방향

앞의 제2장 3절에서 제시한 기업과 국민소득, 그리고 소득분배 간의 관계에서 알 수 있듯이 경제발전은 곧 기업의 성장을 의미한다. 따라서 현재의 저성장과 분배 악화는 곧 기업 부문의 저성장에 기인한다. 한편 현재의 기업 부문 성장 정체를 해소하여 경제의 저성장과 양극화 진행을 막기 위해서는 무엇보다도 기업 부문의 투자 활성화 조치가 필수적이다.

하지만 한국 기업정책의 뼈대를 구성하고 있는 '경제력 집중 억제'라는 정책 목표는 그동안 기업의 투자 활성화에 가장 큰 걸림돌이 되어 왔다. 기업의 투자를 이런저런 이유로 제약하는 대부분의 규제는 경제력 집중 억제를 핵심 목표로 설계되어 있다. 대형마트 출점 및 영업 규제, 은산분리, 수도권 투자 규제 등 기업 투자를 제약하는 많은 규제들의 도입 목적에는 경제력 집중 억제가 중요 자리를 차지하고 있다. 이는 투자를 제약하여 새로운 산업의 출현을 막음과 동시에 경쟁을 제한하여 이미 시장에 진입한 기득권의 이해를 강화시킬 수 있다. 그 결과 경제력 집중 억제라는 애초의 목표도 달성하지 못하고 경제의 역동성만 저하시킬 가능성이 농후하다. 따라서 기업정책의 근간을 '경제력 집중 억제'에서 '경쟁 촉진'으로 하루빨리 전환해야 한다.

구체적으로 말하면, 기업의 투자활동에 대한 제약을 해소하여 대기업을 포함한 기업 간 경쟁을 촉진시키고 대기업 부문 전체에 경쟁 압력과 성장의 유인을 강화해야 한다. 이 과정을 통해 기업이 독과점에 안주할 수 없도록 해야 경제력 집중에 따른 폐해의 소지를 차단할 수 있다. 또한 해외기업들의 국내 진출을 더 용이하게 하고, 필요하면 국내 독점 분야에 해외기업들을 적극적으로 유치하여 강력한 잠재경쟁자 그룹을 조성해야 한다. 기득권을 가진 국내 대기업들이 한눈을 팔 수 없을 정도의 강한 시장경쟁 압력을 창출할 필요도 있다. 시장의 경쟁 압력은 대기업이 경제력을 남용하거나 비효율적으로 기업을 경영할 경우 추격자에게 따라 잡힐 수 있다는 시장 신호를 끊임없이 보내는 원천이다. 결국 경쟁 촉진을 통해 대기업의 실패 가능성을 높임으로써 경제력 집중으로 인한 부작용을 사전에 막을 수 있는 것이다.

한편 중소기업에 대해서는 중소기업 육성정책을 수월성 위주로 전환하여 지원정책에만 의존하고 있는 좀비기업들을 구조조정하고 중소기업들 간의 M&A를 활성화하여 역량 있는 중견기업들이 대기업으로 성장할 수 있는 정책 환경을 조성해야 한다. 또한 중소기업에 대한 지원은 성과와 연동하는 방식으로 전환해야 한다. 즉 보다 나은 성과를 보인 중소기업에 보다 많은 지원이 가는 방식으로 전환해야 하는 것이다. 지금은 중소기업 전체를 경제적 약자로 간주하고 지원 조건에 맞는 한 일률적으로(소위 '나눠 먹기'식) 지원하는 방식이 일반적이다. 이같은 지원 방식에 더하여 대기업이 되는 순간 각종 규제에 시달려야하다 보니 기업으로서는 성장하여 중소기업에서 벗어나고자 하는 동기가 약해질 수밖에 없다. 따라서 중소기업에 안주하고자 하는 인센티브를 제거하지 않고서는 중소기업정책이 성과를 보기 어렵다.

중소기업정책이 지향해야 할 기본 방향은 능력 있는 중소기업이 대기업으로 보다 빠르게 성장할 수 있도록 하는 것이다. 성과 좋은 중소기업이 더 빨리 성장할 수 있는 시스템을 구축해야 중소, 중견기업들의 성공 신화가 보다 많이 만들어질 것이며 이에 따라 자연스럽게 유능한 인재들이 중소기업을 찾게 될 것이다. 현재와 같이 중소기업이 대기업으로 성장하는 예가 극히 희박한 상황에서는 유능한 젊은 인재들이 중소기업의 문을 두드리기를 기대하기는 어렵다. 이로 인해 결국 실업률은 높아만 가는 가운데 중소기업은 구인난에 허덕이는 현재의 미스매치 상황이 지속되는 것이며, 대기업으로 성장하는 중소기업이 많아져야 이 문제가 해결될 수 있는 것이다.

결론적으로 균등 지원 방식에서 벗어나 성과 있는 중소기업을 우대하는 수월성 중심의 지원 제도로 중소기업정책의 패러다임이 변화해야 한다. 이 같은 정책 패러다임이 조성되어야 중소기업의 성장 유인이 보다 강해질 수 있고 나라 전체로는 경제의 성장 동력이 살아날 수 있는 것이다. 또한 같은 맥락에서 중소기업의 가업승계를 차단하는 60%가 넘는 징벌적 상속세 제도도 크게 완화되어야 성장 동기를 살리는 데 도움이 될 것이다.

한편 중소기업이 대기업으로 성장하는 사례가 많아질수록 대기업 간의 경쟁도 활성화되어 대기업의 경제력 남용 유인도 낮아질 수 있고 궁극적으로 중소기업에 대한 수요 증대와 대·중소기업 거래 관계 개선에도 도움이 된다. 대기업의 수가 증가하고 여기에 해외기업까지 진출해서 대기업 간 경쟁이 치열해지면 중소기업의 입장에서는 원청업체 선택 범위가 늘어나게 되는 것이다. 결국 대기업과 중소기업 간에 서로 선택받으려는 경쟁이 치열해져 상호존중과 질서 확립도 자연스럽게 형성되는 구조가 만들어진다. 게다가 치열한 경쟁 환경은 대기업들로 하여금 실패 가능성을 줄이고자 2~3세 잠재 경영권 계승자들의 교육과 엘리트 양성, 그리고 인재 발굴에 더욱 집중케 하여 결국 경영권의 수준을 드높이려는 유인책을 만들게 한다.

결국 기업의 성장 유인을 자극하여 경쟁을 촉진하고 이를 통해 대·중소기업 간 협력 환경을 조성하는 것이 바른 정책 방향이다. 투자와 성장 자체를 억누르면서 경제력 집중 문제를 해결하겠다는 것은 정작 문제를 해결하지도 못하면서 기업의 투자와 성장 의지를 꺾어 국가경제를 저성장의 함정에 빠뜨리는 결과를 낳게 된다. 이것이 한국에서 지난 30년 동안 일어난 일이다.

2. 선진국의 저성장과 양극화 극복을 위한 과제

한국이 1980년대 후반부터 겪고 있는 '경제민주화' 현상은 이미 선진국에서는 수정자본주의 또는 사회민주주의의 형식(또는 그런 성격을 가진 정책)으로 세계대전 이후 지금까지 상당한 영향력을 끼쳐 왔다. 각 국에서는 보수 정부가 정권을 잡은 적도 상당 기간 있었지만 경제적 평등이 중요시되는 경향을 지난 수십 년 동안 되돌릴 수 없었다.

영미 선진국에서 소위 '신자유주의'라 불리는 보수적 사조思潮가 득세하던 시기에도 '복지국가'를 지향하는 국가적 경향성이 역전되지는 못하였다. 아이러니하게도 지난 60여 년 동안 이러한 평등 지향적 정책의 광범위한 확산에도 불구하고 선진국에서 분배 상황은 더 악화되었고 성장 속도도 더 낮아졌다. 이는 통계를 통해서 분명히 확인된다.

그림 17과 그림 18은 주요 선진국의 실질GDP 성장률의 추세와 시장소득 기준 지니계수의 추세trend[42]이다. 그림에서 볼 수 있듯이 주요 선진국의 성장 추세는 뚜렷이 하향세를 보이고 있으며 분배 추세도 악화(지니계수 증가)되고 있음을 알 수 있다. 이와 같이 선진국이 겪고 있는 분배 악화와 오랜 저성장 추세를 주류경제학계에서는 '새로운

---

42 추세(trend)는 Hodrick-Prescott filter 방법을 통하여 구하였다. 실질GDP 증가율은 세계은행 통계, 그리고 시장소득 지니계수는 상대적으로 장기시계열을 얻을 수 있는 SWIID(Standardized World Income Inequality Database)에서 구하였다.

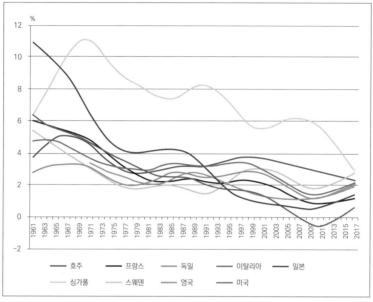

그림 17 주요 선진국의 실질 경제성장률 추이

호주　프랑스　독일　이탈리아　일본
싱가폴　스웨덴　영국　미국

World Bank

정상상태new normal'로 합리화하고 있지만 사실은 뚜렷한 정책 처방을 가지고 있지 않다는 고백이라 할 수 있다. 일부에서는 (대표적으로 피케티) 불평등 해소를 위한 노력이 충분치 않았다는 진단을 내리면서 더욱 강력한 평등 지향적 정책의 필요성을 주장하고 있다. 선진국 중에서도 자유주의적 성향이 강한 미국에서조차 최근 제도·정치권에서 사회주의적 정책 강화를 외치는 유력 정치인들이 꽤 있다. 하지만 단언컨대 평등 지향적 정책이 강화되면 될수록 선진국이 처한 지금의 상황은 악화될 뿐이다. 이는 한국도 마찬가지이다.

앞의 제3장에서 확인한 바와 같이 경제적 차별화를 통해 한강의

그림 18 주요 선진국의 지니계수(시장소득 기준) 추이

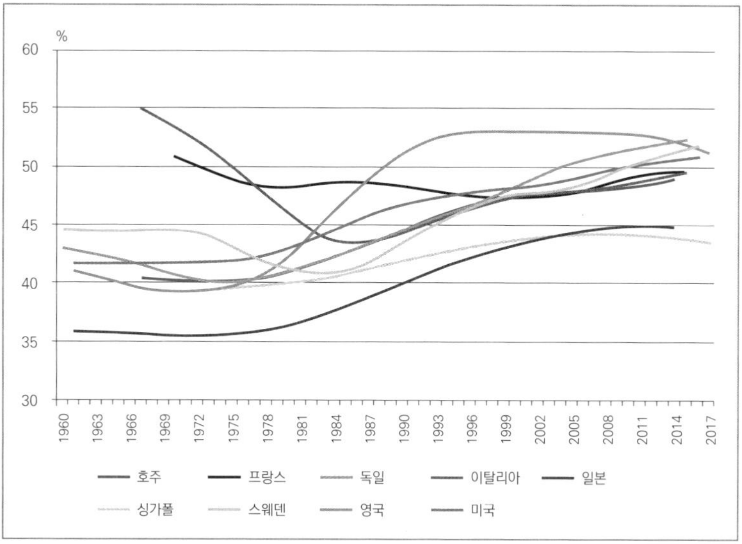

World Bank

기적을 이룩한 한국의 개발연대 시기는 최고의 동반성장 (즉 고성장과 분배개선) 시기였다. 박정희 개발연대의 성과가 주는 교훈은 저개발 국가에만 해당되는 것이 아니다. 경제적 차별화가 작동하지 않으면 경제성장을 이룰 수 없고 경제성장이 없으면 분배의 개선도 이룰 수 없다는 사실은 국가의 소득수준에 상관없이 적용되는 것이다. 즉 경제성장을 통해 일자리가 창출되고 일자리 증가를 통해 중산층이 확대되는 과정이 결국 분배개선의 과정이라는 사실은 어느 나라에나 동일하게 적용되는 메커니즘인 것이다.

특히 평등주의적 사상에 오염된 선진국일수록 한강의 기적이 주는 교훈을 되새겨 볼 필요가 있다. 사회민주주의의 확산으로 인해 선

진국 사회에 뿌리 깊게 박힌 평등 지향적 사고 및 정책 경향성을 바꾸지 않으면, 달리 말하자면, 경제적 차별화에 대한 사회적 수용성을 높이지 않고서는 지금 여러 선진국이 겪고 있는 저성장과 양극화 문제를 해결하기는 어려울 것이다. 이것이 한국을 포함하여 선진국이 직면하고 있는 문제의 본질이다.

결국 선진국이 해야 할 일은 자신들이 누리는 높은 경제적 부를 가능케 한 자본주의 경제발전의 원리로 다시 돌아가는 일이다. 사회민주주의자 혹은 좌파 진영에서는 가진 자의 부를 골고루 나눔으로써 '경제 정의'를 실현할 수 있다고들 주장하지만 이는 진정한 의미의 경제적 정의가 아니다. 진정한 '경제 정의'는 성과에 따른 합당한 보상, 즉 경제적 차별화가 이루어지는 것이며 경제발전은 이 같은 경제 정의의 실현 결과라고 할 수 있다.

제5장

새로운
경제발전정책 모델

1. 경제제도와 경제발전

2. 정치의 경제화와 자조의식 개혁

3. 발전친화적 경제 운용

4. 발전친화적 사회정책

5. 준칙 중심의 거시경제정책

새로운 경제발전정책 모델

1. 경제제도와 경제발전

경제발전은 경제적 차별화 제도를 실제 정책으로 엄격하게 집행하여 차별화 원리를 구현할 수 있는 국가 리더십과 이를 뒷받침하는 정치권 그리고 정부의 역할이 전제되어야 이룰 수 있는 쉽지 않은 과정이다. 대부분의 국가에서는 정책 수립과 집행 과정에서 각종 이해당사자들의 요구, 정치적 이해 등이 반영되어 애초의 의도와는 다른 정책 내용이 왜곡되는 '경제의 정치화' 현상이 흔히 발생한다. 저개발 국가일수록 부패, 법에 의한 지배 결핍, 포퓰리즘 만연 등으로 이같은 왜곡은 더욱 심할 수 있다. 따라서 저개발 국가의 경우 이를 방지하고 경제적 차별화 정책의 효과를 내고자 한다면 경제발전정책 모델을 정립하여 정책 집행의 향도嚮導로 삼을 필요가 있다.

이하에서는 경제적 차별화 원리의 제도화와 경제발전과의 관계에 대한 이해, 그리고 한국의 경제성장 경험을 결합하여 저개발 국가의 경제발전정책 모델을 정립하고자 한다. 정책 집행자들이 이 정책모델을 실제적인 길잡이로 활용할 수 있도록 정책의 구체적 지침 형식으로 제시하고자 한다.

(1) 경제제도의 의미와 역할

경제의 성과는 시장의 경기 규칙rules of the game인 경제제도 하에서 경제주체들이 자기이익을 극대화하기 위해 치열하게 벌이는 경기의 최종 결과로 나타난다. 여기서 시장은 경제제도의 집합으로 정의되며, 제도는 바로 그 사회의 인센티브 구조를 결정하게 된다. 어떤 경

그림 19 경제제도의 구성

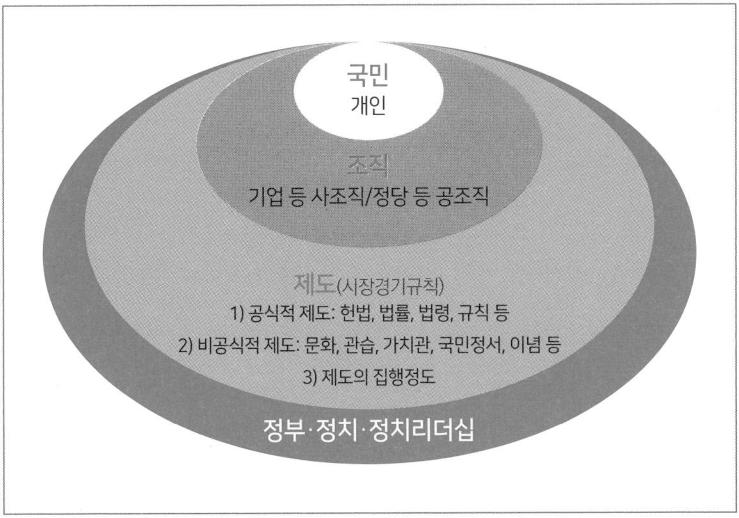

국민
개인

조직
기업 등 사조직/정당 등 공조직

제도(시장경기규칙)
1) 공식적 제도: 헌법, 법률, 법령, 규칙 등
2) 비공식적 제도: 문화, 관습, 가치관, 국민정서, 이념 등
3) 제도의 집행정도

정부·정치·정치리더십

기 규칙은 경기의 성과를 높일 수도 있지만, 또 어떤 규칙은 오히려 경기력을 떨어뜨리고 경기의 성과를 악화시킬 수도 있다는 의미이다. 결국 경제제도란 각 사회 내 마찰로 생기는 거래 비용을 낮추어 보다 효율적인 경제를 구현하기 위해 도입된 '경기 규칙'임과 동시에 그 사회의 '인센티브 구조'로 작동하게 되는 것이다(그림 19 참조).

그런데 경기 규칙은 실정법을 중심으로 하는 공식적 제도와 문화적, 이념적, 역사적 전통, 가치관이나 관행 등의 비공식적 제도로 구성된다. 그리고 공식적 제도가 얼마나 엄격히 집행되고 비공식적 제도가 사회구성원들에 얼마나 구속적인가 하는, 즉 제도의 집행 및 제약 정도가 제도의 중요한 구성요소가 된다. 현실의 시장경제에서 경제주체들은 주어진 시장의 경기 규칙인 제도 하에서 개인의 성공, 기업의 성공, 조직의 성공을 위해 경기를 벌인다. 규칙을 어기면 퇴장당하기 때문에 이를 지키는 것이 중요한데 그렇기 때문에 제도에 의해 경기 주체들의 행동이 달라지고 나아가 경기 결과, 즉 경제 성과도 달라진다. 이 같은 제도를 결정하는 주체는 '정부·정치·정치리더십'이라 할 수 있으며 경제의 외생적 제약 환경으로서 작용한다. 이들은 공식적 법·제도의 도입·변경을 통해 일국의 경제제도의 내용을 결정함으로써 궁극적으로 국민경제의 성과에 지대한 영향을 미치게 된다.

한편 비공식적 제도, 즉 관습, 문화, 정치이념 등도 국민들의 경제적 행동과 성과에 상당한 영향을 미친다. 또한 비공식적 제도는 정치과정과 공식적 제도 내용에도 상당한 영향을 미친다. 그러나 역사적 경험을 통해서 보면, 경우에 따라서는 역으로 공식적인 제도의 내용을 개혁하고 이를 엄격히 집행함으로써 비공식적 제도에도 영향을 미칠 수 있었다. 때때로 훌륭한 '정치리더십'이 등장하여 경제제도를 바꾸고 국가를 개조하며 경제발전을 일으키는 경우가 그러하다.

비공식적 제도가 공식적 법·제도의 문화적, 이념적 뿌리 역할을 하지만 새로운 사회의 건설은 훌륭한 국가 리더십 하에 공식적 제도를 개혁하고 엄격히 집행하여 국민의 행동을 바꾸어내고 궁극적으로 비공식적 제도인 문화와 이념, 전통까지도 (만일 발전에 역행한다고 하면) 바꿀 수 있다. 여기에 정치리더십의 중요성이 부각되는 까닭이 있는 것이다.

(2) 경제적 차별화의 제도화, 경제발전의 전제

그러면 어떠한 제도, 즉 어떤 경기 규칙이 경제발전에 도움이 될 것인가? 그동안 신 제도경제학은 경제적 자유와 사유재산권 제도가 경제발전의 전제가 되는 제도적 환경이라 주장해 왔다. 그러나 이런 제도적 장치가 오늘날 지구상에, 정도의 차이가 있기는 하지만, 북한 등 몇 개 국가를 제외하고 구비되지 않은 나라가 얼마나 되는가? 그럼에도 지구상에 일인당 소득 만 불을 넘어 빈곤의 문제를 해결했다는 나라가 전체 200여 개의 나라 중 겨우 1/4정도에 불과하다. 중국 경제와 같이 이 두 가지 조건이 서구에 비해 열악한 환경 속에서도 승승장구하는 현실, 20세기에 도약한 일본이나 한국 등이 그리 완벽하지도 않은 경제자유와 사적재산권 보호 환경 속에서 경제 성공을 이뤘다는 사실들도 여전히 더 설득력 있는 설명을 기다리고 있다.

본서의 경제발전의 일반이론은 바로 이 문제에 대한 답을 구하기 위한 노력의 결과이다. 일반이론에서는 "경제적 차별화는 경제발전의 필요조건이지만 경제평등주의는 경제 정체의 충분조건이다"라고 주장한다. 이 명제는 경제제도, 즉 경기 규칙의 관점에서 재해석하면 '노력하여 남보다 더 성과를 내는 개인이나 기업을 우대하는 경기 규칙은 경제번영을 가져오지만 성과를 무시함으로써 오히려 성과가 좋은 기업과 개인을 역차별하는 경기 규칙은 나라를 망하는 길로 유도한다'라고 해석할 수 있다. 신상필벌의 원칙에 따른 경제적 차별화는 보상의 차별화를 통한 경제적 불평등 압력을 통해 잠자는 시장을 깨우고 경쟁심을 살려내 성장과 발전을 유인하는 경제발전의 필요조건인 것이다.

이런 관점에서 보면 일국의 문화, 관습, 가치관, 국민정서, 정치 이념 등의 비공식적 제도는 물론, 공식적 법·제도가 모두 경제적 차이와 차등을 수용하고 나아가 경제적 차별화를 적극 수용하는 나라여야 경제발전을 이룰 가능성이 높아진다. 반대로 그렇지 않은 나라는 경제발전에 어려움을 겪게 된다. 물론 여기에는 경제적 차별화 제도를 실제 정책으로 엄격하게 집행하여 차별화 원리를 구현하는 국가 리더십과 정치권 그리고 정부의 역할이 전제되어야 궁극적으로 경제발전을 가져올 수 있는 것이다.

요약하면, 국가의 공식·비공식 제도는 물론, 제도 도입과 집행자로서 정치와 정부 등, 모두가 경제적 차별화 원리를 체화 수용하는 것이 경제발전의 전제라 할 수 있다.

2. 정치의 경제화와 자조의식 개혁

이상에서 설명한 바와 같이 한 나라의 경제적 성공과 실패는 무엇보다도 그 나라의 주도적인 정치이념과 국민 의식에 달려있다. 다시 말해 정치이념이나 국민 의식이 경제적 차별화 원리에 얼마나 친화적이냐 하는 것이다. 이미 서술한 바대로 현대 민주주의 사회에서 정치적 평등이 경제적 평등으로 확대 적용되어 제도화되는 경우는 드문 일이 아니다. 이 같은 경제의 정치화 현상이 만연하게 되면 한 국가의 경제성장은 정체될 수밖에 없다. 사회민주주의라는 이름하에 사회주의적 요소를 제도화한 많은 선진국들이 저성장과 분배 악화에 시달리는 것도 경제의 정치화에 따른 결과이다. 차별화 원리에 역행하여 경제적 평등을 추구하는 순간 경제주체들의 성장 동기는 약해지고 재화의 생산보다는 분배에 골몰하는 사회가 되어버리는 것이다. 사회주의가 몰락한 것이 바로 정치이념과 국민 의식이 평등주의 함정에 빠졌기 때문임은 이제 자명한 것이 되었다.

인간의 행동이 바뀌기 위해서는 생각, 즉 의식이 바뀌어야 한다. 패배주의적이고 체념적 국민 의식이 '잘 살아보세'라고 하는 적극적 의식으로 변화하였기 때문에 한국의 고도성장도 가능하였다. 다수의 국민에게 '자기 책임의 원칙'에 따른 자발적인 행동과 발전하고자 하는 욕구가 결여되어 있다면 이는 경제발전에 상당한 장애요인이며 이를 혁파하기 위한 의식개혁이 필요하다. 물론 이 같은 국민의 광범위한 의식개혁은 정치지도자나 정치권의 의식 전환이 선행될 때라야 가능하다.

경제발전을 일으키고자 한다면 리더십부터 발전친화적으로 바뀌어야 한다. **그렇다면 발전친화적 리더십은 어떤 리더십인가? 그것은 '항상 좋은 성과를 발굴하고 우대하는 리더십'이다. 즉 모든 정책에서 신상필벌의 원칙**(즉 차별화의 원칙)**을 엄격하게 지켜 사회 전체가 좋은 성과를 위해 노력하는 사회로 바뀌도록 유도하는 리더십이라 할 수 있다.** 지도자가 성과 외에 다른 기준을 잣대로 자원을 배분한다면, 또는 그 기준이 자주 바뀐다면, 경제주체들은 성과를 높이려는 최선의 노력을 하지 않게 된다. 대신, 자원 배분에 영향을 줄 수 있는 로비나 정치적 행위를 통해 이득을 취하려는 기회주의적 행동들이 만연할 것이다. 즉 경제의 정치화 현상이 확산되는 것이다. 따라서 지도자의 신상필벌 리더십이 확고하게 자리 잡아야 경제주체의 광범위한 의식개혁을 주도할 수 있고 차별화의 원리가 모든 경제주체의 행위에 녹아드는 것이다.

박정희의 리더십은 신상필벌의 차별화 원리를 각종 정책의 핵심 원리로 관철하고 이를 국민들에게 전파하여 이해시킨 리더십이었다. 그 결과 모든 경제주체가 보다 나은 성과를 내기 위해 자발적으로 노력하는 의식개혁이 일어나게 된 것이다. 항상 경쟁에서는 승자보다 패자의 수가 많기 마련이기 때문에 선거를 통해 정치적 승패가 결정되는 민주주의 제도 아래서는 이 신상필벌의 리더십을 유지하기가 매우 어렵다. 하지만 박정희 시대에는 포퓰리즘적 민주정치를 차단함으로써, 즉 정치의 경제화를 통해 국민들의 경제발전 동기를 극대화하여 경제발전에 성공할 수 있었다.

의식개혁을 얘기할 때 박정희의 새마을운동을 논하지 않을 수 없다. 많은 인구가 살지만 낮은 생산성으로 가난에서 벗어나지 못하는 농촌사회는 저개발 국가의 전형적 모습이다. 대대로 이어져온 가난에 찌들어 보다 나은 삶에 대한 희망조차 보이지 않았던 것이 1960년대 초 한국 농촌사회의 모습이었다. 농민들은 사실상 자포자기한 상태로 일상을 보내고 있었고 생존을 위한 노동 외에는 개인과 공동체의 발전을 위한 사업은 생각조차 하지 못했던 시대이기도 했다. 그러다 보니 농한기 농촌의 남자들은 노름과 음주로 시간을 보내는 것이 다반사였다. 소설 '상록수'에서도 알 수 있듯이 농촌 계몽운동은 일제시대부터 있었지만 농촌은 달라지지 않았다. 그 오랜 침체의 역사를 새마을운동이 완전히 뒤바꿔 놓았다.

새마을운동은 박정희의 신상필벌 리더십이 농촌의 경제적 성장과 함께 의식개혁도 이룬 사례이다. 성과가 있는 마을과 그렇지 못한 마을을 철저히 차별화하여 지원함으로써 '잘 살아보자'는 의식을 일깨웠고 주민들을 개인과 공동체의 발전에 매진케 하였다. 새마을운동이 점화한 의식개혁은 농촌의 울타리를 벗어나 나라 전체로 퍼져 나갔으며 그 결과 고도성장기의 한국민은 가장 부지런하고 역동적인 국민으로 평가받기에 이르렀다.

경제의 정치화가 조장하는 자조의식 결여와 경제적 낙후, 빈곤의 만연 현상은 후진국의 보편적 현상이다. 제1장에서 논의한 세계 후진 저개발 국가의 문제가 바로 여기에 있음을 인식하는 것이 중요하다. 결국 풍부한 자원과 노동력, 충분한 사회간접자본 등 아무리 좋은 기업환경이 제공되고 심지어 이웃 나라나 이웃 마을의 성공 노하우, 그리고 기업의 성공 노하우가 널려있어도, 이들을 적극 활용하도록 유인하는 '경제적 성과에 따른 차별적 보상' 메커니즘이 작동하지 않으면 경제성장을 기대하기 어렵다. 특히 선진국처럼 쌓아놓은 부富도 없는 저개발 국가가 경제의 정치화 현상에 빠지면 성장은 고사하고 빈곤에서 벗어나기도 힘들 것이다.

최근 베네수엘라의 위기는 경제의 정치화가 그럴듯해 보였던 국가마저 단기간에 파멸로 치닫게 하는 사례를 잘 보여주고 있다. 유념해야 할 점은 베네수엘라 비극의 시작이 민주적 절차에 따라 선출된 지도자로부터 시작되었다는 것이고 국민들이 그 지도자를 얼마 전까지도 계속 지지해왔었다는 점이다. 이것이 '경제평등주의 정책'이 가져오는 무서운 결과이다.

성과를 무시하는 경제적 평등주의에 젖게 되면 국민들은 성장 의욕을 상실함과 동시에 계속 그 상태를 유지하고자 하는 반反자조적인 '의식의 타락'을 겪게 된다. 따라서 정부, 더 넓게 정치권은 경제의 정치화를 막고 반대로 경제적 성과를 우대하는 정치의 경제화를 추구해야 한다.

박정희 시대는 한국 역사에 있어 그 어느 때보다 정치의 경제화를 위해 노력했던 시기였다. 그러나 이미 지적한 대로 박정희 이후 한국은 박정희 시대와 정반대로 경제의 정치화를 지향해왔으며 최근 정부는 경제평등주의를 강화하면서 사회주의화로 나가고 있다. 물론 이미 살펴본 대로 한국경제는 그동안 지속적으로 저성장과 분배 악화를 경험해왔다. 놀랍게도 한국도 베네수엘라가 갔던 경제의 정치화의 길을 가고 있는 것이다. 이런 경험들은 저개발국 또는 개발도상국에게 있어 너무나 값진 반면교사가 된다는 점을 강조하지 않을 수 없다.

3. 발전친화적 경제 운용

(1) 경제적 차별화 원리에 기초한 불균형 성장전략

앞서 설명한 바대로 경제적 차별화는 경제발전의 핵심 동인이다. 그러나 차별화와 대척점에 있는 평등주의적 가치가 성장론과 결합하면 소위 '균형성장'이 된다. 따라서 균형성장 혹은 균형발전은 사실상 경제발전의 안티 테제이다. 불행하게도 이 '균형성장'은 많은 민주주의 국가에서 광범위하게 받아들여지는 성장론이기도 하다. 정확하게 말하면 '이론'이라기보다는 지향하는 성장이념이라 할 수 있다. 중소기업과 대기업 간이나 개인 간의 균형성장(또는 동반성장), 지역 간의 균형발전, 나아가 사회적 균형발전 등이 모두 이런 범주에 속한다. 균형성장 혹은 균형발전이 일종의 국가적, 사회적 이념으로 채택되면 그 국가는 경제적으로 질적 도약을 이룰 수 없을 가능성이 매우 크다. 균형성장을 인위적으로 추진하는 과정에서 성장 인센티브는 제거되고 국가의 인위적 자원 배분에 의존하는 경제구조가 되면 지속 가능한 경제발전을 기대하기 어렵다.

따라서 산업화를 이룬 어떤 국가도 성장과정에서 산업적으로 또는 지역적으로 균형적 성장을 이룩한 국가는 없다. 우선 기업에 대한 지원이나 자원 배분에 있어서뿐만 아니라 보다 큰 차원의 경제발전의 과정인 산업화전략에 있어서도 경제적 차별화에 기초하지 않고서는 자원의 효율적 배분이 이루어질 수 없으며 결과적으로 산업화도 성공할 수 없다. 경제적 차별화에 기초하지 않은 산업정책은 성과와 무관한 정책 자금의 배분(나눠먹기), 부정·부패 등으로 오염될 수밖에 없다. 산업화에 성공한 국가에서 흔히 관찰되는 '불균형 성장'도 사실 경제적 차별화에 기초한 산업화의 자연스러운 결과라 할 수 있다. 한국이 박정희 시대 이후 관치 차별화 산업정책을 폐기하고 중소기업에 대한 획일적 지원과 대기업에 대한 획일적 규제라는 기업 생태계 균형정책을 추진한 결과 오늘날의 저성장과 분배 악화를 가져온 사례가 참고가 될 것이다.

한편 지역균형발전과 관련해서도 저개발 국가는 한국의 경험을 참고할 필요가 있다. 우선 박정희 시대의 산업입지 전략을 보면 차별화에 기초한 철저한 불균형 산업성장을 추구한 것을 알 수 있다. 한국은 '수출진흥'과 '중화학공업 육성'의 목표를 달성하기 위해 '수출산업공단' '석유화학공업단지' '중공업·기계공업단지' 등을 개발했다. 산업발전의 목표와 입지에 맞는 소수 거점지역 중심으로 산업발전을 추진한 것이다. 먼저 경공업을 통한 수출진흥을 위해 서울 및 경인지역에 수출공업단지를 조성하여 산업화의 기반을 닦았고 중화학공업 육성으로 목표를 전환한 후에는 각 산업의 특성에 맞추어 거점 산업단지를 조성해 산업구조 고도화를 추진했다. 철강산업의 포항, 석유화학산업의 울산과 여천, 기계산업의 창원, 조선산업의 거제, 전자산업의 구미 등이 바로 그것이다. 그러나 이런 지역 거점화 산업개발 전략이 궁극적으로는 전국의 동반성장에 기여하였음을 잊어서는 안 된다. 결국은 차별화를 통한 불균형 성장전략이 동기부여와 경쟁촉진 효과를 통해 거점 중심의 동반성장을 가져온 것이다.

그러나 1980년대 이후 한국은 1982년 수도권정비계획법 제정을 시작으로 지역균형발전을 위한다고 서울과 경기도를 중심으로 한 수도권에 대기업 투자 금지 정책을 추진함과 동시에 지방 육성 차원에서 평등주의적 지역균형개발전략을 추진하였으나 크게 성과를 내지 못하였다. 후진국들은 이 실패의 경험을 '반면교사'로 삼을 필요가 있다. 예를 들어 1980년대 중반부터 균형발전을 목표로 각 지역마다 '농공단지'를 개발하여 전국적으로 460여 개 이상의 단지를 조성했으나 대부분 산업단지로서의 경쟁력이 취약하고 농·어촌 경제에는 실질적 기여를 하지 못하였다. 외국인투자 유치를 목적으로 개발된 '경제자유구역'도 지역균형발전을 이유로 8개가 난립하면서 도리어 외국인투자 유치 실적이 미흡해진 상황이다. 그 외 각 지역별로 혁신도시, 기업도시 등이 '균형적'으로 배분된 대부분의 정책들도 매우 저조한 성과를 보이고 있다.

한편 많은 국가들이 경제개발전략 중의 하나로 (특히 저개발 국가일수록 외국자본 유치를 위해서) 산업단지, 경제특구 등 특정지역을 중심으로 한 성장전략을 추진하는 경우가 많다. 이 같은 전략이 성공하기 위해서는 각 지역의 경제적 비교우위에 대한 면밀한 검토 하에 선택적으로 차별화하여 산업단지 또는 경제특구를 선정·육성해야 성공 가능성을 높일 수 있다. 지역 발전이라는 측면에서 볼 때 지역적·산업적 특성에 맞게 거점지역을 선정하고 그 지역이 성장하면서 자연스럽게 전국의 균형발전이 이루어지는 것이지 지금의 한국처럼 모든 곳을 같이 획일적으로 균형발전시키려 한다고 해서 균형발전이 되는 것이 아니다. 획일적 평등주의적 균형정책은 전 국가를 하향 평준화시켜 모두 가난한 균형을 가져오게 된다. 이는 곧 '바닥을 향한 질주the race to the bottom' 정책이라 할 수 있으며 저개발 국가들이 반드시 피해야 할 경로이다.

(2) 발전친화적 산업정책 매뉴얼

농경사회를 벗어나 산업화를 지향하는 모든 경제의 제일의 과제는 어떻게 해야 산업화를 실현할 수 있는가이다. 수출산업도 일으키고 고도의 자본집약적 산업은 물론 첨단 지식산업을 일으켜 '마차 경제'에서 '기차, 자동차, 비행기 경제'로 도약을 이루는 경제발전의 과정을 어떻게 성공적으로 추진할 수 있는 것인가? 새로운 경제발전이론은 이 과정이 소위 시장에 맡긴다고 해서 저절로 되는 것이 아니며 기업육성을 바탕으로 하는 정부의 적극적인 산업정책이 보완되어야 가능하다는 점을 논증하고 있다. 여기서는 앞에서 논의한 한국의 관치 차별화 산업정책의 성공 경험을(일부 중복의 위험을 무릅쓰고) 압축 정리하여 후진국 일반은 물론, 북한의 향후 산업화를 위한 정책의 기본 원칙으로 제시하고자 한다.

첫째, 산업정책의 가장 중요한 원칙은 '경제적 차별화'이다. 산업정책은 본질적으로 유무형의 정부 지원을 포함하는데, 지원에 있어 '성과에 따른 차별적 지원' 원칙을 관철하는 것이 산업정책 성공의 핵심 요소이다. 여기서 '차별화'의 기준은 정치인, 관료 등의 주관적 평가가 아니라 '시장 성과market performance'라는 객관적 기준이 되어야 한다.

둘째, 산업정책의 초점은 '산업' 그 자체가 아니라 '기업'이 되어야 한다. 물론 산업정책은 특정 산업의 육성을 목표로 하지만 산업 성장의 주체는 개별 기업이므로 해당 산업의 개별 기업이 정책의 대상이 되어야 한다. 만약 산업 자체가 정책 대상이 되면 자칫 해당 산업에 속한 모든 기업에 대해 평등주의적 지원이 이루어질 수 있으며 이는 산업정책의 성공원리인 차별화 원리에 반하는 결과를 초래하게 된다.

셋째, 산업정책 과정에서 차별화를 통한 지원 대상의 선별 과정은 매기每期마다 반복적으로 이루어져야 한다. 시장 진입을 원하는 모든 기업에게 경쟁은 개방되어야 하고 한 번의 평가로 영원한 승자가 되는 일은 없어야 한다. 즉 모든 기업들에게 경쟁 압력이 지속적으로 부과될 수 있도록 산업정책이 설계되어야 한다.

넷째, 기업지원정책은 투명하고transparent 공정fair하게 추진되어 지대추구rent seeking 현상이 일어나지 않도록 해야 한다. 투명하고 공정하지 못한 차별화 정책은 정책의 부패에 다름이 아니다.

다섯째, 산업정책 지원 수단으로 금융정책의 가용성을 확보하는 것이 필요하다. 금융자율화의 속도를 적절히 조절하면서 산업금융의 배분을 경제적 차별화 원리에 따르도록 유도 및 지도할 필요가 있다. 이에 대해서는 다음의 (4)항에서 부연 설명하고자 한다.

(3) 기업부국을 위한 기업육성정책 매뉴얼

경제발전의 일반이론 입장에서 보면 모든 산업정책은 기업육성정책을 통해 수행될 수밖에 없으며, 그래서 자본주의 경제발전은 기업부국 패러다임이라 할 수 있다. 박정희 패러다임의 요체 또한 경제적 차별화를 핵심 원리로 한 기업육성정책에 있었다. 앞서 서술한 바대로 한국의 산업화는 기업이 주축이 되어 이룩한 성과이다.

앞에서 지적한 대로 기업은 수직적 명령 조직이라는 특성을 활용해 거래비용을 회피함으로써 시장의 경제적 차별화 실패를 교정할 수 있다. 이로써 기업은 신상필벌의 원칙에 따라 구성원들을 차별화하고 동기를 부여해 무에서 유를 창출한다. 그 결과가 시장의 확대와 경제발전으로 나타나는 것이다. 따라서 저개발 국가가 박정희 성장 모델을 본받는다면 산업화 또는 경제개발도 기업을 핵심주체로 삼고 추진해야 한다. 한국은 수출진흥과 중화학공업 육성이라는 목표를 세우고 이 목표 달성에 성과를 내는 기업들을 집중적으로 지원하여 그 기업들을 한국의 대표기업으로 키우고 관련 산업도 키웠다.

저개발 국가는 경제개발을 본격적으로 추진함에 있어 기업육성 비전과 기업 성장을 위한 인센티브 제도 구축 계획을 마련해야 한다. 단 이 기업육성을 위한 인센티브 제도에는 차별화 원리가 반드시 내재되어 있어야 한다. 성과를 내는 기업에 보다 많은 자원이 배분되는 경제적 차별화가 관철되면서 해당 기업이 성장하고 관련 산업도 성장하는 역동성이 확보되어야만 경제발전을 이룰 수가 있는 것이다.

그동안 저개발 국가들이 기업육성을 위한 노력을 하지 않았던 것은 아닐 것이다. 또한 저개발 국가에 대해 그동안 해외 원조, 국제개발은행의 투자 등 상당한 금액의 개발자금이 유입되어 왔다. 하지만 이 개발자금의 배분이 경제적 차별화 원리에 입각하여 기업에게 배분되지 않았기 때문에 경제성장을 주도하는 기업의 등장이 이루어지지 않았던 것이다. 아프리카 등 많은 저개발 국가들이 산업화에 성공하지 못한 것은 투자자금이 부족해서가 아니다. 그 많은 원조, 투자자금의 유입에도 불구하고 다수의 아프리카 국가들은 여전히 빈곤에서 벗어나지 못하고 있다. 오히려 유입된 개발자금이 능력 있는 기업으로 배분되지 않고 정치적으로 배분되면서 국가의 부패와 비효율을 악화시키는 영양분이 되었다. 경제적 차별화가 이루어지는 과정에서는 부패가 자리 잡을 수가 없다. 부패는 달리 말하면 경제적 차별화에 역행하는 과정이다. 따라서 저개발 국가에서 흔히 관찰되는 자원배분을 둘러싼 만연한 부패 현상을 피하고자 한다면 철저하게 경제적 차별화 원리를 관철시켜야 하고 그럴 때만이 기업과 산업의 성장을 이룰 수 있다.

그렇다면 경제적 차별화 원리의 관철을 전제로 할 때 기업육성을 위해 필요한 구체적 정책은 어떤 것이 있을까. 각 나라별 사정에 따라 세부 정책의 내용은 다를 수 있겠지만 대략 그림 20과 같이 정책 체크리스트를 상정해 볼 수 있을 것이다. 기업육성을 위한 정책을 크게 8개 부문(생산요소 공급 원활, 물적 간접자본 공급, 기업 활동의 자유, 법·제도적 환경 개선, ED(Economic Discrimination, 경제적 차별화) 친화적 기업 성장정책, ED 친화적 산업정책의 정상화, ED 친화적 정치의 경제화, ED 친화적 역사와 문화)으로 나누고 각 부문별 세부 정책을 구상할 수 있을 것이다. 기업의 창업과 성장을 촉진시키기 위해서는 생산요소 공급과 사회간접자본 공급이 원활해야 할 뿐만 아니라 개인과 기업의 경제적 자유 확대가 무엇보다도 중요하다. 그리고 여기에 더하여 정책적으로 ED 친화적 산업 및 기업정책이 반드시 보완되어야 한다. 그리고 ED 친화적 정책을 위해서는 ED 친화적 정치 지도자들이 정치의 경제화를 통해 ED 환경을 조성해야 한다. 정치의 경제화와 마찬가지로 역사와 문화도 구체적 정책 분야라기보다는 오랜 세월에 걸쳐 형성되는 비공식적 제도이지만 그 내용이 ED 친화적이어야 기업 성장에 도움이 된다. 예컨대 허구한 날 정치지도자들이 부자나 기업 등에 대해 가진 자라며 적대시하고 소위 나눠먹어야 한다는 목소리를 높이는 등, '사촌이 땅을 사면 배가 아프다'는 문화가 사회에 만연하면 기업 성장과 경제발전은 어려워진다. 그렇기 때문에 한국의 새마을운동과 같이 사회 전반의 의식개혁이 필요하다. 그림 20의 체크리스트 외에도 국가별 특성이 반영된 정책을 추진할 때는 어떤 경우든 차별화 원리가 내재된 정책이라야 그 효과를 발

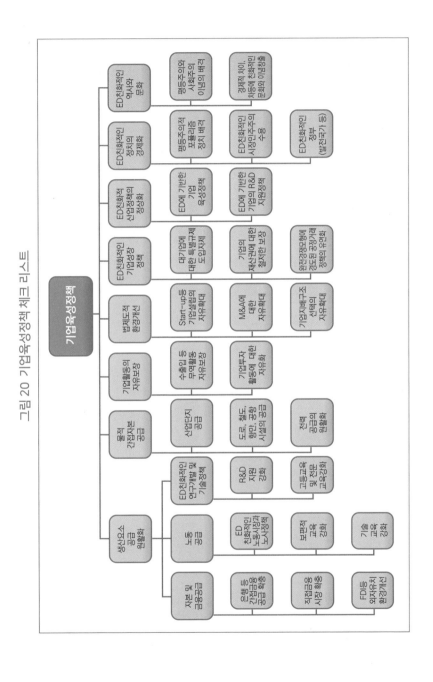

그림 20 기업육성정책 체크 리스트

기업육성정책

ED친화적인 역사와 문화
- 평등주의와 사회악의 이념의 배격
- 경제적 차이, 차등에 친화적인 문화와 이념정출

ED친화적인 정치의 경제화
- 평등주의적 포퓰리즘 정치의 배격
- ED친화적인 시장민주주의 수용
- ED친화적인 정부 (발전국가 등)

ED친화적 산업정책의 정상화
- ED에 기반한 기업 육성정책
- ED에 기반한 기업의 R&D 지원정책

ED친화적인 기업성장 정책
- 대기업에 대한 특별규제 도입자제
- 기업의 재산권에 대한 철저한 보장
- 완전경쟁모형에 경도된 공정거래 정책이 유연화

법제도적 환경개선
- Start-up등 기업설립의 자유확대
- M&A에 대한 자유확대
- 기업지배구조 선택의 자유확대

기업활동의 자유보장
- 수출입 등 무역활동 자유보장
- 기업투자 활동에 대한 자유화

물적 간접자본 공급
- 산업단지 공급
- 도로, 철도, 항만, 공항 시설의 공급
- 전력 공급의 원활화

생산요소 공급 원활화

ED친화적인 연구개발 및 기술정책
- R&D 지원 강화
- 고등교육 및 전문 교육강화

노동 공급
- ED 친화적인 노동시장과 노사정책
- 보편적 교육 강화
- 기술 교육 강화

자본 및 금융공급
- 은행 등 간접금융 공급 확충
- 직접금융 시장 확충
- FDI등 외자유치 환경개선

휘할 수 있을 것이다.

(4) 산업(기업)금융의 원활한 공급[43]

산업정책이 성공하려면 지원 대상인 산업의 해당 기업들에게 적절한 금융이 공급되어야 한다. 그러나 저개발 혹은 개발도상국의 경우 금융시장과 산업이 충분히 발달하지 못해 은행 등 금융중개 기업들의 발달 수준이 낮은 것이 일반적 상황이다. 따라서 정부가 이러한 시장의 실패를 보완하려면 산업금융을 원활히 공급하기 위한 전문 금융기업(개발 금융기관)을 설립할 필요가 있다.

그러나 시장 중심의 주류경제학은 산업정책에 대한 비판은 물론 이를 지원할 금융기업의 필요성에 대해서도 비판적일 수밖에 없다. 따라서 세계은행이나 IMF 등에서도 저개발 국가들에게 조속한 선先 금융자율화를 자문하거나 요구하는 경우가 많다. 그리고 금융자율화가 금융자금을 효율적으로 배분·지원하기 위한 전제라고 자문한다. 그러나 경제발전의 일반이론은 거래비용 혹은 정보비용의 문제 때문에 금융자율화가 시행되어도 금융기업들이 바로 차별화 원리에 따른 금융 지원 원리를 원활히 습득하거나 효율적 자금 배분을 하기 어렵다고 판단하고 있으며 이것이 저개발, 혹은 개발도상국 경제의 본질이라고 보고 있다.

따라서 조급하게 금융자유화를 할 경우 성장을 위한 산업정책 혹

---

43 학계에서는 산업정책에 대응하는 금융공급이라는 의미에서 산업금융이라는 표현을 쓰고 있고 여기서도 그동안의 관행에 따라 산업금융이라 표현했으나, 산업정책보다는 기업정책이라는 개념이 더 적절하다는 본서의 입장에서는 '기업금융'이라 하는 것이 더 정확한 표현이라 하겠다.

은 그 금융 지원 수단이 소멸되면서 기업과 경제의 성장이 조기에 둔화될 수 있으며 이에 따라 소위 중진국 함정에 빠지는 사례를 경계해야 한다. 이런 현상은 특히 경제 도약 과제에 직면한 개발도상국 경제들이 정부 주도 관치 산업정책의 부작용을 피한다는 미명 하에 정부의 역할을 최소화하고 시장 기능을 강화해야 한다는 무조건적인, 소위 과도하게 신자유주의에 경도된 워싱턴 컨센서스를 받아들인 결과이다. 이렇게 되면 재정 및 통화금리정책 외에는 정책 수단이 거의 없는 선진국형 정책 체제에 빠져버리게 되는 결과로 나타난다. 워싱턴 컨센서스는 세계은행이나 IMF 등이 금융 지원 대가로 요구하기도 하고 시장 중심 주류경제학계의 권유 등 여러 가지 이유로 개발도상국에서 수용되었지만 뚜렷한 성과를 내었다는 증거는 없다. 워싱턴 컨센서스를 조금 거칠게 단순화하면, 성장은 시장이 알아서 하니 정부는 선진국처럼 거시경제안정이나 챙기라는 주문인 셈인데, 소위 통화·금리 및 재정정책 등의 거시정책만으로 성장을 유도하기는 불가능하다. 이런 경우 경제가 도약을 못하고 성장이 지지부진하면서 소위 중진국 함정에 빠지게 된다.[44]

한국의 경우는 산업금융 지원 체제를 적극 활용하였는데 산업금융전담 금융기관을 설립하였으며 필요하면 상업금융기관은 물론, 중앙은행의 발권력까지 동원하면서 산업정책을 지원하였다. 주류경제학계는 이를 소위 '관치금융'이라 비판하고, 이를 통한 금융공급을

---

44 동남아, 남미, 아프리카에서 경제 도약에 실패하는 중진국 대부분이 그렇고, 다음의 제7장에서 논의하게 될 베트남이 바로 이런 어려움에 봉착하고 있다.

'성장통화 공급'이라고 부르기도 했다. 경제학계는 이런 산업금융 지원정책을 인플레 조장이라며 반대하였으나 실제로 박정희 시대의 인플레는 우려한 만큼 높지 않아, 1966~1979년간 소비자물가 상승률은 연평균 14.1%에 그쳤다. 당시 대부분의 개발도상국들이 거의 하이퍼인플레이션에 시달렸음을 상기한다면 대단히 양호한 성과라 할수 있을 것이다. 이런 성과는 금융 지원이 꼭 필요한 산업 부문의 성과 우수기업에만 차별적으로 공급함으로써 생산유발 효과가 극대화되었기 때문이었다. 금융공급이 소비가 아니라 바로 생산으로 이어져 인플레 효과를 최소화할 수 있었던 것이다.

4. 발전친화적 사회정책

절대빈곤에서 벗어나는 사회는 어느 사회든 평등을 위한 사회적 욕구가 있기 마련이다. 그 욕구가 정책으로 발현되는 것이 사회(또는 복지)정책이다. 한 나라의 사회정책이 평등주의적egalitarian 성향을 강하게 띨수록 그 사회의 발전 동기는 점차 약해진다. 따라서 사회정책에 있어서도 일률적 지원uniform support을 배제하고 차별화 원리를 적용하여 '스스로 돕고자 노력하고 성과를 시현하는 주체'에게 보다 많은 혜택이 주어지도록 하는 발전친화적 사회정책developmental-friendly social policy을 추구해야 한다. 이를 통해 사회 전반에 발전지향적 의식과 동기가 고취될 수 있도록 해야 한다. 이렇게 해야 일률적 지원을 기본으로 하는 평등주의적 사회정책과 그에 따른 도덕적 해이를 차단할 수 있다.

사회정책은 단순한 생계지원만이 아니라 정책 수혜자들의 자기 개발과 발전 동기를 유도함으로써 경제발전정책 기능도 수행하는 일석이조의 효과를 볼 수 있어야 한다. 빈곤 퇴치 정책도 생계유지를 위한 일정 수준 이상의 지원에 대해서는 차별적 인센티브 제도를 담은 정책을 시행함으로써 음지의 국민들을 양지로 이끌어 내는 효과를 높일 수 있어야 한다. 이것이 바로 한국의 새마을운동을 통해 배울 수 있는 제일 중요한 교훈이기도 하다. 또한 오늘날 미국, 한국 등 일부 국가들에서 활용하고는 있으나 크게 활성화되지 못하고 있는 근로장려소득세Earned income tax credit, EITC 제도도 그 한 예라 할 수 있다.

5. 준칙 중심의 거시경제정책

흔히 거시경제정책과 성장정책을 혼동하는 경우가 많다. 확장적 거시경제정책, 예를 들어 통화공급 확대, 금리 인하 등을 통해 경제성장을 이끌 수 있다고 믿는 경우가 많은데 이는 거시경제정책과 성장정책의 본질적 성격에 대한 이해가 부족해서이다. 정확히 말하면 거시경제정책은 안정화stabilization 정책이다. 과열된 경기를 식히거나 차가워진 경기에 열기를 불어넣음으로써 경제가 안정적으로 운용될 수 있도록 하는 정책이 거시경제정책이다.

반면 성장정책은 동기부여를 통해 경제주체의 경제하려는 의지와 생산성을 높여 양적, 질적으로 생산능력을 향상시키는 정책이다.

만약 실질 생산성은 그대로인데 돈만 풀 경우 예상되는 현상은 거품 bubble 또는 급격한 인플레이션이다.

무엇보다 거시경제정책은 본질적으로 차별화 기능을 가지고 있지 않다. 무차별적으로 경제 전반에 영향력을 미치는 것이다. 차별적 산업정책과는 달리 능력과 성과에 상관없이 모든 경제주체에게 영향을 미치는 것이다. 그러므로 거시경제정책을 통해 일시적 경기 활성화 효과를 누릴 수는 있어도 지속 가능한 경제성장을 이룰 수는 없다.

하지만 위에서 지적한 바와 같이, 과도하게 시장 중심적 사고에 치우친 워싱턴 컨센서스를 따라 정부의 산업정책을 포기하는 많은 저개발 국가에서 거시경제정책을 통해 저성장의 문제를 해결하려는 시도가 있어 왔다. 그 결과는 모두 알다시피 경제성장은 이루지 못한 채 만성적 인플레이션에만 시달릴 뿐이었다.

물론 거시경제정책이 경제성장과 전혀 무관한 것은 아니다. 거시경제의 안정화 없이는 안정적인 경제성장을 이루기 어렵다. 통화가치가 불안정하고 자산가치의 급등락이 만연한 경제 하에서는 안정적인 경제활동이 어렵고 이는 경제성장에도 부정적 영향을 미친다. 또한 외부로부터의 충격(예를 들어 급격한 자본유출입 등)이 있을 경우 안정화 정책으로서의 거시경제정책의 역할도 필요하다. 하지만 그동안의 경험에 의하면 거시경제정책이 단기적인 경제 상황에 따라 대증적對症的으로 사용될 경우 경기진폭을 더욱 증폭시켜 안정화 정책으로서의 효과를 상실할 수도 있다는 사실을 알게 되었다.

그러면 거시경제정책은 어떻게 운용해야 할까? 이에 대한 해답은 이미 일군一群의 경제학자들이 제시한 바 있다. 그것은 준칙 중심rule-based의 거시경제정책이다. 신神이 아닌 이상 인간의 판단은 항상 불완전하다. 따라서 그때그때 정부의 자의적discretionary 판단에 의존한 거시안정화 정책은 오히려 경제의 불안정성을 높일 가능성이 크다. 따라서 미리 정해진 준칙에 따라 거시경제정책을 집행하는 것이 정책의 일관성과 예측 가능성을 확보할 수 있어 거시안정화의 효과를 높일 수 있다. 중앙은행의 금리 결정 방안으로 테일러Taylor 교수가 제안한 '테일러 준칙'이 준칙 중심 정책의 한 예라 할 수 있다.[45] 준칙 중심의 거시경제정책은 경제성장을 촉진할 수도 있다. 예측 가능하고 일관된 정부 정책으로 인해 기업과 개인은 보다 빠르고 합리적인 의사결정을 내릴 수 있으며 이는 결국 성과를 높이는 데 도움이 될 것이다.

　요약하자면 성장정책과 거시경제정책, 즉 거시안정화정책은 구별되어야 하고 성장정책의 일환으로 거시경제정책을 운용하는 것은 바람직하지 않다. 거시경제정책은 정부의 자의적 판단이 아닌 준칙에 의거하여 운용되어야 하며 이것이 안정화 효과도 높이고 경제성장에도 긍정적 영향을 줄 것이다.[46]

---

45 이에 대해서는 Taylor(1993) 참조.

46 물론 이 주장은 기존의 주류경제학에서 거시정책이 미시적 시장균형(완전시장균형)을 깨지 않는 중립적 성격이어야 한다고 주장하는 시장 중심 사고에 기초하고 있다. 그러나 본서의 경제발전의 일반이론적 관점에서 보면, 시장은 언제나 불완전하고 그 불완전성이 발전 지체의 원인이며, 이것을 '경제적 차별화 정책'에 의해 바로잡는 것이 발전의 전제이다. 이런 관점에서 보면 그동안의 중립적 거시정책론은 수정을 필요로 한다. 다시 말해 거시정책 마저도 경제적 차별화 원리에 따라 성장정책으로 운영할 수 있음을 의미한다. 앞에서 논의한 한국의 개발연대 성장통화 공급이라는 개념이 이와 유사하지만, 여기서는 차별적 거시정책이론이 아직 충분히 정립되지 못한 상황이기 때문에 정책 실패의 위험성을 최소화한다는 의미에서 성장정책과 거시정책의 분리 원칙을 고수하고 있다.

한강의 기적에 무임승차한
중국의 도약과 한계

1. 사회주의를 벗어던진 선부론

2. 집단농장을 해체한 자본주의적 임대경영 농업

3. 사회주의 국유제도를 극복한 토지이용권 제도와 그 한계

4. 사회주의를 강화한다?

한강의 기적에 무임승차한 중국의 도약과 한계[47]

1. 사회주의를 벗어던진 선부론

경제개발에 성공한 저개발 국가가 매우 드문 가운데 박정희 기업부국 패러다임을 모델로 삼고[48] 경제 도약에 성공한 중국의 사례는 논의해 볼 만하다. 중국의 경제적 부상浮上은 경제적 차별화를 바탕으로 한 부의 축적 동기부여와 성장 동기의 극대화가 발전의 원동력이 된 경우이다. 하지만 한국의 개발연대와 같은 동반성장의 효과를 보이지 못하고 있는 것은 중국의 한계이기도 하다. 동시에 중국은 최근 사회주의를 강화하는 시대역행적 행보를 보이고 있어 사회주의 국가

---

47 좌승희(2008)에서 일부 수정 전제.

48 중국이 한국의 성공 경험을 많이 활용했다는 사실은, 근래 들어 부인하는 주장들도 있다고 하지만, 이미 많이 알려진 사실이다. 중국사회과학원원장을 역임한 고 마훙(馬洪) 원장의 글이 이 사실을 객관적으로 술회한 글 중의 하나이다. 이에 대해서는 마(2005)를 참조.

로서의 한계도 드러내고 있다. 결국 중국은 박정희 모델에 무임승차하여 상당한 성과를 냈지만 동시에 박정희 모델에 역행하는 한계도 보이고 있다는 점을 주목할 필요가 있다.

중국은 마오쩌둥毛澤東 집권 40여 년간 저성장 추세를 경험한 후 1978년 덩샤오핑 집권 이후 30년간 지속적인 성장 추세를 보이고 있다. 마오쩌둥과 덩샤오핑의 정책적 차이점은 이미 잘 알려진 바와 같다. 소위 공산주의에서 실용적 사회주의 또는 자본주의로의 전환이 성장 추세 변화의 원인인 것은 재론의 여지가 없다. 그러나 덩샤오핑을 흑묘백묘론이라는 실용주의로만 이해하는 것은 문제의 핵심을 놓칠 우려가 있다.

덩샤오핑은 자본주의 경제의 핵심 원리를 개혁의 바탕에 깔고 있다. 1978년 12월 13일 중국공산당 '중앙공작회의'에서 최초로 천명된 소위 '선부론先富論'은 중국 경제·사회 개혁의 핵심 이념으로 등장하였고, 이것은 1978년 12월 18일 제11기 3차 공산당 중앙위원회 전체회의에서 '개혁개방선언'으로 이어지게 되었다. 이 점을 주목할 필요가 있다.

선부론이란 공산주의, 사회주의의 평등분배를 타파하고 '앞서가는 부자를 따라 배워야 한다'라는 자본주의 철학이다. 선부론의 지향점은 개인이나 지역 간의 평등은 보장하지 않고, 오히려 열심히 하여 성공하는 개인과 지역이 앞서서 시너지를 창출하면, 이를 뒤따라 나머지도 배우는 과정이라고 할 수 있다. 또한 선부론은 농촌보다는 도시를, 농업보다는 공업을, 그리고 육체노동보다는 정신노동을 앞세우는 근대화 개발 전략으로 구체화되었다.[49] 이에 따라 연안의 지역적 비교우위를 배경으로 이미 앞서 발전한 개명된 지역 중심의 개방이 이루어져, 잘하는 지역이 더 앞서가고 낙후지역이 뒤따라 배우는, 연안에서 내륙으로의 불균형적인 지역 성장 파급 과정이 급속하게 진행되었다. 또한 지역 간의 개발 경쟁을 확대시키기 위해 지방의 자치재정권을 대폭 확대하였다. 지방으로의 외자유치는 「포춘」 500대 기업을 중심으로 장려되고 국유기업의 사유화와 민영화 등을 통해 국내 대기업 육성과 성장을 촉진하는 정책을 추진하였다.

선부론의 이념은 국유기업의 경영에도 도입되었다. 집단농장 개혁을 위해 허용된 일종의 토지 임대 경영방식인 (후술하는) 가정승포제家庭承包制의 성공 경험을 바탕으로, 1980년대부터는 국유기업의 민영화와 제도적 개혁을 획기적으로 감행했다. 경영을 외주화outsourcing하여 경영 성과에 따라 경영권을 부여하는 임대 경영방식을 채택하였고 자본주의적 성과주의를 국유기업 경영에 도입함으로써 성과 경쟁을 촉진하였다. 이러한 방식으로 소유의 국유에 따른 부작용을 방지하고 기업 성장을 유도하였다. 경영자와 근로자들에게 동기를 부여함으로써 성과 있는 기업이 보다 빨리 성장할 수 있도록 하였고 이는 기업 성장의 촉진제가 되었다. 이렇게 지역과 기업으로의 경제력 집적 및 집중이 급속히 이뤄지면서 중국의 경제발전 속도도 빨라지게

---

49 덩샤오핑의 개혁·개방정책은 한국의 박정희 시대는 물론 일본의 메이지 유신으로부터도 영향을 받은 것으로 알려져 있는데, 메이지 유신은 농촌보다는 도시, 농업보다 공업, 육체노동보다는 정신노동을 우선하는 '세 가지 차별(three differences)' 정책에 기반을 두고 있었으며, 중국도 이를 수용한 셈이다(Jwa, 2017 참조).

되었다. 여기서 박정희의 기업부국 패러다임이 덩샤오핑의 선부론으로 그 성공 노하우가 복제되는 과정을 읽을 수 있다.

이 결과가 바로 제2장의 그림 7 국가별 「포춘」 500대 기업 수 추이 (74쪽)가 보여주는 바와 같다. 중국은 1990년대 이후 급격한 기업 성장이 이어졌으며 「포춘」 500대 기업 수가 2004년 한국을 추월하고 이어서 2012년 일본을 추월하여 이제는 바로 미국을 추월할 기세에 이르렀다. 비록 최근에는 둔화되었지만 중국의 성장률은 개혁·개방 이후 지금까지 연평균 10%에 가깝게 성장해왔다(그림 21 참조). 최근 중국 기업들이 미국 기업들의 첨단기술 등 성공 노하우에 무임승차하고 있다는 문제로 미중美中 간에 마찰이 있는데, 마찬가지로 그동안 중국 기업들이 한국 기업들의 성공 노하우에 무임승차하였다고 해도 부인하기는 어려울 것으로 보인다.

그림 21 중국의 실질성장률과 성장추세

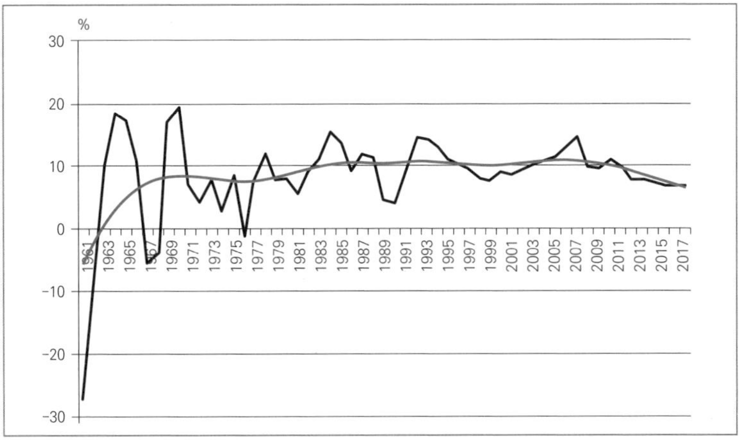

주 : 추세선은 Hodrick-Prescott filter를 이용하여 추출
World Bank

2. 집단농장을 해체한 자본주의적 임대경영 농업

덩샤오핑의 농업정책 또한 선부론의 철학에 따라 승포제承包制를 개선하여 널리 장려함으로써 농업 생산성을 높이는 데 성공하였다.[50] 원래 승포제는 연산승포책임제聯産承包責任制의 줄임말로 마오쩌둥 시대인 1950년대부터 시행되었다. 당시 이 제도의 핵심은 집단농장을 일정한 소단위로 나누고 전체 농장 소유의 토지와 생산도구 등을 각 소단위에 나누어 주어 각 단위별로 경작하도록 함으로써 집단농장에 일종의 경쟁 메커니즘을 도입한 것이다.

그러나 승포제의 일정 성과에도 불구하고 경작 단위 내 성과배분에 있어서는 평등분배를 따랐기 때문에 큰 성과는 거두지 못하였다. 그런데 문화혁명기에는 이마저도 비판을 받아 결국 폐지되었다. 그후 1978년 11월 24일 안휘성安徽省 봉양현鳳陽縣 소강촌小崗村에서 18가구의 가장들이 모여 최초로 가정을 단위로 한 가정승포제家庭承包制 실시 계약서에 비밀리에 지장을 찍었다. 이 제도는 국가 소유 토지와 농기구를 각 가정 단위로 나눈 후 자립적으로 재배 종목과 방법을 결정, 생산하고 국가에 일정량의 세금과 수확물을 납부한 다음 나머지 부분은 각 가정이 소유하는 제도이다. 이는 땅을 국가로부터 임대 받아 경영하는 자본주의식 임대(차)농업 방식이라 할 수 있다.

소강촌의 이러한 집단행동은 1979년 봄부터 점차 봉양현과 안휘

---

50 이하의 승포제 도입과 관련된 정보는 「중국청년보」 2004년 8월 13일 자의 "기념등소평탄신 100주년 전제(紀念鄧小平誕辰 100周年 專題)"에서 인용.

성의 지도층에까지 알려지게 되었지만 당 위원회에서는 처벌이나 금지가 아니라 적극 격려했던 것으로 알려져 있다.[51] 이 제도의 채택 후 1979년 이 마을의 수확량은 1966~1970년까지 5년간의 수확량에 해당하는 6.6만kg에 달하였으며 인당 소득은 1978년의 22위안에서 400위안으로 증가된 것으로 확인되었다. 1956년부터 23년간 수확량 미흡으로 국가에 한 톨의 수확물도 납부하지 못하던 이 마을이 1979년에는 1.25만kg을 납부할 수 있었다.

소강촌 사건에 대해 중앙당 내에서는 사회주의 원칙에 위배된다는 비판의 소리가 많았다. 그런데 농촌개혁이 주요 의제로 대두되었던 당시인 1980년 5월 31일, 덩샤오핑이 기타 중앙 지도자들과 함께 농촌문제에 대해 담화를 발표하는 과정에서 소강촌의 승포제 도입을 지지하는 발언을 하였고 이로써 승포제는 전국적으로 확산되었다. 등소평의 발언 내용은 다음과 같다.

"1978년 12월 삼중전회(3차 중앙전체회의) 이후 농촌정책이 풀린 다음 어떤 지역에서 가정연산승포제를 실시해 보았고 좋은 효과를 얻었으며 변화가 아주 빠르다. '봉양화북(민요 이름)'에서 부르는 그 봉양현도 1년 만에 면모를 바꾸었다. 이렇게 하면 집단경제체제에 영향을 미치지 않겠는가 걱정하는 분들이 있는데, 내가 볼 때 전혀 걱정할 필요는 없다."

---

51 1979년 봄에 봉양현 공산당위원회 서기 천팅위엔(陳庭元)이 소강촌 현지시찰 후, 가을까지 실시해보라는 지시를 내렸고, 가을이 안 돼서 봉양현 지역공산당위원회 서기 왕위자오(王郁昭)가 다시 현지시찰 후 상임위원회 회의에서 지지한다는 결의를 통과시켰다. 1979년 6월, 당시 안휘성 성공산당위원회 서기를 맡고 있던 완리(萬里)가 친히 소강촌을 방문하여 소강촌 생산대 대장 옌쥔창(嚴俊昌)에게 꼭 농사를 잘 지어보라고 재삼 당부한 것으로 알려져 있다.

소강촌의 2003년 실적을 보면, 식량 생산은 1978년의 1.5만kg에서 60만kg으로, 인당 소득은 1978년의 22위안에서 2,100위안으로 각각 40배와 96배 정도가 증가된 것으로 나타났다. 이 제도는 집단농장의 공동생산과 평등분배와는 달리 각 개별농가 단위로 자기책임 하에 생산하고 소유하는 자본주의식 경작 방식으로서 현재 중국의 농업생산력 증가의 원천이 되었다. 열심히 노력하는 농가는 그에 상응하는 노력의 대가를 받을 수 있도록 허용함으로써 농민들의 생산 증대 노력을 이끌어 낼 수 있었던 것이다. 중국은 1987년부터 헌법 수정을 통해 농가의 승포권(임차권)을 무기한 허용하였고 농토의 영구 이용권을 인정함으로써 사실상의 소유를 인정하고 있다.[52]

3. 사회주의 국유제도를 극복한 토지이용권 제도와 그 한계

시장 중심 경제학은 사회주의 시장경제라는 이름하에 이룬 중국의 괄목할만한 고속 성장과 그 원인에 대해 모든 것을 다 설명해줄 수 없다. 사유재산권 제도가 미비하고 개인의 정치적 자유는 물론 경제적 자유도 충분치 못한 시스템을 가지고 어떻게 저런 고속 성장을 30년 넘게 지속할 수 있는 것인가? 답은 선부론 이념 하에 도입된 '부에 대한 축적 동기 극대화'라는 제도적 장치에 답이 있다. 소유는

---

52 보겔(2014, 587).

못하지만 이용은 소유 못지않도록 더 자유롭게 하는 실용성이 부의 축적 동기를 자극하게 된 것이다. 즉 사회주의 국유는 이미 박제되고 이용이라는 이름으로 자본주의적 제도가 중국 경제를 이끌고 있는 것이다.

주지하다시피 중국에서 토지 소유는 허용되지 않는다. 하지만 토지 이용은 자본주의 경제 제도에서의 토지이용과 다르지 않고[53] 게다가 이용계약 만기가 도래한 토지는 자동으로 별도의 비용 없이 연장이 되므로 사실상 기간 제한도 유명무실하다. 결국 토지이용권을 토지소유권에 버금가도록 허용함으로써 토지 소유와 같은 효과를 창출하는 것이다. 따라서 땅을 소유하지 않고도 즉 대지소유에 대한 부담 없이도 능력만 있으면 무한대의 주택을 소유할 수 있는 나라가 중국이다. 여기서 우리는 형식은 사회주의이지만 실제로는 자본주의를 즐기는 중국식 실용주의를 보게 된다.

그러나 중국 토지제도의 한계도 지적되어야 하는데 중국의 농촌 및 농업문제가 바로 토지제도의 한계와 무관하지 않다. 중국의 토지제도는 도시와 농촌에 대해 다르게 적용된다. 중국의 토지소유제는 도시 토지에 대한 국가소유제와 농촌 토지에 대한 집체소유제로 나눌 수 있다. 농촌의 집체소유제는 일종의 '농민 집단소유'의 성격을 띠고 있기 때문에 농촌 토지는 국가소유제인 도시 토지보다 그 활용에 있어 제한이 강하다. 도시 토지의 경우 토지이용권은 대출 시 담

---

53 토지에 대한 세금으로, 자본주의 경제의 재산세 대신에 토지이용세와 이용권 양도에 대해 양도세에 해당하는 세금이 부과된다.

보로 활용할 수도 있고 임대 및 양도가 가능하여 사실상 기간 제한만 있을 뿐[54] 자본주의 경제의 소유권과 거의 동일하다고 볼 수 있다. 반면 농촌 토지는 지역 농민이 공동으로 소유하는 생산 수단의 성격을 가지므로 도시 토지이용권처럼 매매, 임대, 담보 등이 가능하지 않다. 이 같은 제한으로 인해 농촌 토지를 자산으로 활용할 수 없고 이에 따라 자영기업농의 성장이 쉽지 않다.[55] 그 결과 농촌의 생산력 증대에도 불구하고 도시의 빠른 소득증대를 따라갈 수 없어 도시와 농촌 간의 소득격차는 줄어들지 않고 오히려 확대되었다.

이 같은 농촌 토지이용권에 대한 제한으로 농민들의 불만이 급증하였고 농민들의 도시로의 불법 이주가 만연하여 소위 '농민공' 문제가 대두된 것이다. 중국 정부는 도시 하층민으로 전락하는 농민공 인구가 급증함에 따라 농촌 토지이용권을 양도할 수 있는 '토지신탁제도' 도입 계획을 2014년 발표하였다. 결국 여러 개혁 조치에도 불구하고 여전히 농촌문제는 중국 정부의 짐으로 남아 있으며 중국의 농촌개혁은 완결된 것이 아니라 여전히 보완·개선되어야 할 현재진행형이자 장기적 과제라고 할 수 있다.

---

54 거주용 토지는 최대 70년, 상업·관광·오락 용지는 최대 40년, 공장부지는 최대 50년의 기간이 보장된다.

55 토지자산을 담보로 자금을 조달할 수가 없기 때문에 농가가 기계화 농업 등에 투자할 수 있는 여력이 없고 이는 결국 농업 현대화의 지체로 이어지게 되었다.

4. 사회주의를 강화한다?

2005년에 집권한 후진타오胡錦濤 정부는 선부론이 지난 30년 동안 지역이나 개인 간 발전과 소득 및 부富의 불균형을 초래했다는 이유로 선부론을 폐기하고 균형과 평등을 내건 조화사회和諧社會 건설을 선언하였다. 그래서 2005년에 당의 강령을 선부론에서 골고루 잘 살자는 균부론均富論으로 바꾸었다. 실제로 2012년 기준 중국의 지니계수(World Bank 통계)는 보통 위험 수준이라 하는 40을 상회하는 42.2로, 이는 2013년 기준 미국의 41보다 더 높은 수준이었다. 선부론으로 기아와 빈곤에서 해방되었으나 이제 상대적 빈곤 때문에 사회주의 균부론으로 다시 회귀하겠다는 선언인 셈이다.

2013년에 집권한 시진핑習近平은 덩샤오핑이 2000년대 미래 목표로 내걸었던 소강사회小康社會와 사회주의 강국이라는 중국몽中國夢을 실현하겠다고 선언하였고, 이후 중국이 어느 정도의 균부론을 추구하려 하는지 분명하지는 않지만 소강사회 실현, 사회주의 승리, 사회주의 현대화 등 사회주의적 이념을 부쩍 많이 강조하고 있는 추세이다. 향후 중국경제가 중국의 오랜 꿈, 공자의 대동사회로 가는 "소강사회" 건설 목표 하에서 어떤 변화를 겪을지 관심사가 아닐 수 없다. 특히 주요한 관심 사항은 조화사회 혹은 소강사회 건설이라는 목표와 경제발전 전략인 선부론을 대립적 관계, 또는 대체 가능한 개념으로 보고 있다는 점이다. 그러나 우리는 이러한 관점은 잘못된 것으로 본다.

선부론은 발전을 이끌어 내는 차별화 전략의 또 다른 표현이다. 즉 선부론 전략은 차등 속에 발전을 만들어 내게 되는 것이다. 만일 이 차등을 없애고 조화·소강사회를 만들기 위해 선부론을 폐기, 균부론을 채택한다면 경제와 사회는 정체되고 발전은 이루어지지 않게 된다. 이러한 과정을 거친다면 조화·소강사회란 하향 평준화된 사회주의적 평등사회를 벗어나지 못하게 된다.

차별화 발전 원리에 의하면, 후진적 지역과 계층을 더 발전시키기 위해서는 선부론을 적용해야 함이 옳다. 앞선 지역과 계층의 발목을 붙잡고 후진 지역과 계층을 지원하는 반反 선부론적 평등주의 정책 혹은 균부론은 결국 모두를 어렵게 만들 뿐이다. 차등이 생기기는 하지만 모두 다 발전하는 사회로 나아가기 위해서는, 앞선 주체는 더 발전하여 보다 많은 시너지의 기회를 만들고 뒤떨어진 주체들에게는 선부론 전략을 지속 적용함으로써 동기를 부여하는 것이 올바른 발전전략이다.

선부론을 적용하여 후진 지역과 계층을 발전시킴으로써 종국적으로는 모두 다 발전하는(물론 다 같아지지는 않지만) 조화·소강사회가 가능해 진다. 불평등 또는 불균형은 오히려 발전을 일으키는 수단이며 이를 통해서만 모두 다 발전하는 조화·소강사회가 가능해진다. 물론 완벽하게 평등하고 균형된 조화·소강사회란 존재하지도 가능하지도 않다.

통계를 보아도 균부론이 중국을 보다 균등한 사회로 만들었다는 증거는 없다. 중국의 경우 소득분배 통계가 제대로 집계되지 않아 연속적인 시계열 자료의 확보는 어렵다. 그러나 세계은행의 지니계수 통계에 따르면 중국의 지니계수는 2008년 42.8, 그리고 2012년 42.2로 나타난다. 지니계수가 다소 낮아져 숫자상으로는 소득분배가 개선된 것으로 나타났지만 그 크기가 작아 의미 있는 변화라고 하기는 어렵다. 또한 분배 관련 데이터베이스 SWIID[56]에 따르면 중국의 지니계수는 2005년 45.2, 2015년 46으로 나타나 차이는 크지 않지만 오히려 분배가 악화된 것으로 나타났다. 결국 통계상으로 균부론의 효과는 입증되지 않고 있으며 향후에도 그 효과가 나타날 것이라는 어떠한 증거도 보이지 않는다. 결국 중국의 정책 기조 변화가 그 목적을 달성하기는 어려울 것으로 보인다.

한편 중국의 '사회주의' 강조는 법적으로 이상한 일이 아니다. 중국 헌법 제1조는 중국이 '인민민주주의 독재의 사회주의 국가'라는 점을 분명히 하고 있으며 '사회주의 제도는 중화인민공화국의 근본 제도'임과 동시에 '어떠한 조직이나 개인이 사회주의 제도를 파괴하는 것을 금지한다'라고 규정하고 있다. 하지만 헌법적 선언과는 달리 그동안 중국은 경제 전반에 있어 반反사회주의적 성격의 자본주의 정책을 광범위하게 활용해왔다. 즉 헌법의 명시적 규정에도 불구하고 실제 경제 운용은 사실상 반反헌법적으로 이루어져 왔다는 것인데 이는 중국 정부의 실용 추구 경향을 보여준다 하겠다.

하지만 '사회주의 국가'로 중국을 정의하는 헌법 규정은 중국 정

---

56 SWIID(The Standardized World Income Inequality Database)에 관한 보다 자세한 내용은 Solt(2016) 참조.

부가 사회주의 정책으로 회귀하는 것에 대한 법적 정당성을 부여한다. 따라서 중국 정부는 정치적 목적에 따라 자본주의적 정책을 수정 또는 폐기하고 사회주의 정책을 강화함에 있어 법적, 이념적 부담을 느끼지 않을 수 있다. 즉 중국 정부가 정치적 목적 달성을 위해 반시장적, 반자본주의적 정책으로 급격히 선회하는 것이 언제나 가능하다는 것이며 이에 대해 헌법적 제약이 전혀 없다는 것이다. 결국 자본주의적 경제 운용에도 불구하고 중국 정부가 '사회주의'라는 모자를 계속 쓰고 있는 한 중국 체제의 자본주의적 성격은 사회주의적 반동反動 움직임에 취약할 수밖에 없으며 (즉 자본주의적 체제의 지속성이 보장되지 않으며) 이는 궁극적으로 중국의 경제성장에 대한 제약으로 작용할 것이다.

북한 경제발전 전략: 대동강의 기적은 가능한가?

1. 북한의 경제개발 동향 개관

2. 대동강 기적 모델의 대전제

3. 남북한 경제 격차와 대동강 기적의 필요성

4. 한강의 기적을 대동강의 기적으로

5. 남북 공동번영의 길과 북한의 선택

북한 경제발전 전략:
대동강의 기적은 가능한가?

1. 북한의 경제개발 동향 개관

박정희 개발연대의 많은 정책들은 KSP Knowledge Sharing Program(지식공유사업)라는 국제협력 프로그램을 통해 많은 저개발국에 전파되고 있다. 하지만 KSP를 통해 한국의 성장 경험을 공유하는 많은 나라들 가운데 한반도의 반쪽인 북한이 빠져 있는 것은 안타까운 현실이다. 북한이야말로 그 경제적 어려움을 고려하면 박정희 경제 패러다임을 적용하고 경제적 성공을 달성해야 할 필요성이 가장 크다. 그동안 남북 경협이 여러 차례 시도되었지만 대부분 국지적·단기적 사업을 중심으로 이루어졌고 북한의 정책 변화와 실질적인 성장은 유도하지 못하였다.

문재인 정부가 들어선 후에는 남북이 하나만 되면 만사형통이 될 것처럼 남북문제가 모든 논의를 삼키는 블랙홀이 되었다. 현 정부는 남북경협을 통해 소위 '대동강의 기적'이 가능하다고 공언하고 있으며 한국경제의 돌파구도 찾을 수 있다고 주장하고 있다. 하지만 과거 경험으로 볼 때 '퍼주기 식' 또는 개성공단, 금강산 관광과 같은 이벤트성 남북경협으로는, 북한 지배층에는 도움이 될지 몰라도 북한 경제의 실질적 체질 변화를 기대하기는 어려울 것이다. 따라서 본 장에서는 어떻게 하면 '대동강의 기적'이 가능한지에 대해 논의하고자 한다.

(1) 북한의 경제개발계획과 한계

먼저 북한의 근래 경제 동향에 대해 알아보자. 그동안 북한은 핵개발에 국가적 역량을 기울여 온 것으로 평가되지만 공식적으로는 경제문제에 대해서도 핵에 못지않은 국가적 우선순위를 두고 있었다. 경제·핵 병진노선이라는 북한의 국가 운영 방침이 말해주듯이 그동안 핵개발에 박차를 가하면서도 경제개발을 위한 여러 청사진들을 대외적으로 밝혀 왔다. 국가경제개발 10개년 계획(2011), 우리식 경제관리방법 전면 시행(2012), 그리고 최근의 국가경제발전 5개년 전략(2016)에 이르기까지 김정은 체제의 북한 경제개발계획들이 연이어 발표되어 왔다. 여기서 우리식경제관리방법은 개발계획이라기보다는 경제 운용 방식의 개혁이라고 할 수 있다.

문제는 이 개발계획들이 상호 일관성 있게 연결되어 있지 않다는 것이다. 가령 경제개발 10개년 계획에서는 총 12개 사업 분야를 제시하면서 각종 추진 기구를 설립하였으나 그 성과에 대해서는 알려진 바가 없다. 국가경제발전 5개년에서는 구체적인 사업과 목표를 제시하지 않고 정책 방향을 제시하는 데 그치고 있다. 결국 두 경제개발계획 사이에는 특별한 연결고리가 없이 별개의 내용을 담고 있는 것이다. 이 두 개발계획만을 보면, 북한의 국가경제개발이 계획의 달성 여부를 평가하고 문제점을 보완하면서 일관성 있게 추진하고 있는 것인지에 대한 의문을 가지게 한다.

우리식경제관리방법은 중국의 개혁·개방 초기 추진했던 가정연산승포책임제[57]라는 농업개혁과 기업생산책임제를 본뜬 경제관리방

표 6 최근 북한의 국가경제개발계획

국가경제개발 10개년 주요 사업(2011)	국가경제발전 5개년 추진 방향(2016)
• 농업개발 • 5대 물류산업단지 조성 (라선, 신의주, 원산, 함흥, 청진) • 석유에너지 개발 • 2천만t 원유가공 • 전력 3천만kW 생산 • 지하자원 개발 • 고속도로 3천km 건설 • 철도 현대화 2천600km • 공항, 항만 건설 • 도시 개발 및 건설 • 국가개발은행 설립 • 제철 2천만t 생산	• 전력문제 해결 • 석탄·금속·철도·철강 등 선행부문의 획기적 개선 • 기계·화학·건재 공업 등 기초부문의 전환 • 농업생산 증대 • 경공업 및 국토관리 강화 • 대외경제관리 발전 • 우리식 경제관리방식 및 사회주의기업 책임관리제 전면 확립

---

57 가정연산승포책임제(家庭聯産承包責任制)는 앞의 제6장에서 논의한 바와 같이 중국이 협동농장 개혁을 통한 농업생산성 향상을 목적으로 70년대 말 개혁 초기에 시행한 제도로서 정부가 설정한 최소 생산물을 제외한 나머지 모두를 농민이 처분할 수 있도록 하고 개별농가에 농지경영권을 분배하는 제도이다.

법에 대한 개혁 조치이다. 기본 방향은 농업과 기업 부문에서 생산자의 자율성을 강화하는 내용이다. 농업과 기업 부문에 있어 생산자가 일정한 생산 목표량을 달성하면 그 초과분에 대해서는 자율처분권을 부여하는 방식을 공히 도입하였다. 북한은 이 관리방법 하에 2012년 '6·28 방침', 2014년 '5·30 방침' 등을 차례로 발표하면서 경제관리방법의 개혁을 심화시켜 나갔다.

한편 북한은 거점식 개발전략을 통해 제한적 개방을 추진하여 왔으며 이를 통해 경제개발의 재원을 마련하고자 하였다. 이것이 경제특구·개발구 정책이다. 북한은 2013년 3월 노동당 중앙전체회의에서 경제개발구 설치를 결정하고 도道마다 현지 실정에 맞는 경제개발구 설치를 추진하였다. 또한 2013년 5월에 경제개발구법을 제정하여

표 7 우리식경제관리방법: 농업과 기업 부문

부문	2012년 6·28 방침	2014년 5·30 방침
농업 부문	- 분조관리제 전면 확대(분조 축소) · 분조규모, 4~6명 - 초과생산물 자율처분권 대폭 확대 · 생산량의 70%(국가), 30%(분조)	2015년부터 가족단위 자율경영제 도입 · 가족 1명당 땅 1,000평 지급 · 국가 40%, 개인 60% 분배
기업소 부문	- 최초 생산비 국가가 투자 　(생산비용 지불) - 기업소 자체계획에 의해 　자율적으로 원자재 구매 - 생산물 판매후 판매수입 국가와 　일정비율 분할 - 기업 초과생산물 자율처분 허용 - 기업이윤 재투자, 유보 등 자율 　활용 허용	- 사회주의 기업책임관리제 도입 - 실질적인 경영권 보장 - 창발적 기업활동 허용 - 주인의식 갖고 설비가동 제고 및 　생산성 향상 - 제품개발권, 품질관리권, 　인재관리권 행사

이부형 외(2014); 윤병수(2017)의 자료를 취합

투자자들의 재산과 소득, 신변, 지적소유권 등의 보호, 최장 50년 동안 토지의 임차 규정 도입, 투자자들에 대한 관세 면제, 토지사용료 면제 등 각종 혜택 규정, 과실송금 규정 등을 정비하였다.

북한은 중앙급 경제특구와 지방급 경제개발구의 이분화 체계로 경제특구 체제를 운영하고 있다. 중앙급 경제특구로는 나선경제무역지대, 황금평·위화도 경제지대, 신의주국제경제지대, 개성공업지구, 금강산국제관광특구가 있으며 2013년 경제개발구법 제정 이후 현재까지 22개의 지방 경제개발구를 지정하여 운영하고 있다. 하지만 북한 체제의 한계로 인해 해외투자자본 유치는 지금까지 거의 효과를 보지 못하고 있는 실정이다.

북한의 산업화도 지금까지 논의한 바와 같이 경제적 차별화가 선행되지 않고서는 성공할 수 없다. 하지만 지금까지 공개된 북한의 여

표 8 북한의 경제특구·개발구 현황 (2017. 12월)

분류	경제특구 및 경제개발구
중앙급 경제특구(5개)	- 경제특구: 나선경제무역지대, 황금평·위화도 경제지대, 　　　　　신의주국제경제지대, 개성공업지구 - 관광특구: 금강산국제관광특구
지방급 경제개발구 (22개)	- 경제개발구: 청진, 압록강, 만포, 혜산, 경원, 강남 - 공업개발구: 흥남, 현동, 위원, 청남 - 관광개발구: 온성섬, 신평, 청수 - 수출가공구: 송림, 와우도 - 농업개발구: 어랑, 북청, 숙천 - 강령국제녹색시범구 - 진도수출가공구 - 은정첨단기술개발구 - 무봉관광특구

kotra 북한정보(2018.1.4)

러 경제개발계획들이 경제적 차별화에 기초한 것이라고는 보기 어렵다. 북한이 현재까지 발표한 특구 및 개발구는 너무 많고 다양하여 어떤 기준, 어떤 원칙하에 선정되고 추진되는지가 명확하지 않다. 단, 사업 추진 과정에서 차별화의 원칙이 관철되지 않았던 것은 분명해 보인다. 경제적 차별화에 기초한 산업화 전략이 없다 보니 '선택과 집중'이 이루어지지 않고 북한 전역에 특구·개발구가 난립하고 있는 상황이다. 북한이 가진 경제능력과 인적·물적 자원에 비추어 볼 때 앞으로 이 모든 지역에서 실질적 성과를 내기는 사실상 불가능해 보인다.

구체적으로 논의해보자면, 우선 하나의 경제특구에서도 너무 다양한 산업발전을 동시에 추구하고 있다. 중앙급 특구 대부분에서 공업, 무역, 관광문화, 금융 등을 복합적으로 추진하고 있으며 공업 부문도 경공업부터 첨단산업에 이르기까지 넓은 범위로 추진하고 있다. 여기에 더하여 개별 지역 경제개발구의 사업도 중앙급 특구의 사업과 중복된다. 따라서 각 중앙급 특구의 사업은 해당 지역의 여건과 핵심 사업 목표에 맞게 특화하는 방향으로 재조정하는 한편 지역의 경제개발구는 대폭 줄여 전략적으로 필요한 소수의 개발구만 적극적으로 추진할 필요가 있다.

한편 북한은 현재 북청, 어랑, 숙천 등 3개의 농업개발구를 계획하고 있으나 사실상 큰 의미를 가지기는 어렵다. 농업 생산성의 증대는 전국적 규모로 추진되어야 하기 때문이다. 따라서 농업정책은 소수의 농업개발구 추진에 중점을 두기보다는 전국 농촌을 대상으로 한 농촌발전 전략의 형태로 추진되는 것이 바람직하다.

또한 그동안의 북한 산업입지 관련 정책을 보면 암묵적으로 지역 균형 발전을 추구하는 경향을 보여왔다. 소위 '자립형 민족경제'를 추구하는 과정에서 지방 단위까지 자급자족의 주체로 인식되다 보니 지방도 골고루 발전해야 한다는 인식에서 벗어나지 못하고 있는 것으로 보인다. 현재 계획 중인 지방의 22개의 경제개발구도 이 같은 균형 발전의 기조와 일맥상통한다. 더구나 기업소의 자율성이 확대되는 과정에서 각 지역의 작은 기업소들이 통폐합을 통한 규모의 경제를 추구하기보다는 북한 당국의 직간접적인 보호 아래 난립하는 바람직하지 못한 상황을 맞이할 수도 있다. 북한의 이 같은 지역발전 계획은 실제로 진행된다 하더라도 1980년대 중반 이후 한국이 겪고 있는 평등주의적 균형개발전략의 전철을 밟을 가능성이 매우 크다. 한국의 경우 앞에서 지적한 대로 각 지역별로 '균형적'으로 배분된

표 9 북한 산업입지의 일반적 특성

①	도·농의 구별을 줄이고 생산지와 소비지를 근접시킨다는 명분으로 지방분산 정책을 채택
②	기계공업과 같은 군수산업의 입지는 효율성과는 무관하게 안보상의 이유로 내륙 깊숙한 지역(예컨대 양강도, 자강도 등의 북부내륙지방)에 위치
③	지방공업, 즉 생필품을 생산하는 경공업은 공장들을 단지화시키지 않고 각 지방마다 지역의 원료를 기초로 하여 생산하도록 유도
④	소비재 생산은 기본적으로 지역 단위로 자급자족하는 것을 목표로 하였기 때문에 각 군내에 1개씩 읍을 두고 그곳에 지방공업을 개발하는 정책을 채택

「북한의 산업입지와 남북협력」(김영윤, 2001)의 내용을 발췌 및 정리

농공단지, 경제자유구역, 혁신도시, 기업도시 등, 대부분의 경제특구들이 매우 저조한 성과를 보이고 있는 실정이다.

(2) 북한의 시장화 동향

경제 분야에 있어 김정은 시대의 가장 중요한 특징은 시장화이다. 북한의 국가배급체계가 무너진 후 장마당 경제가 사실상 북한 주민들의 경제활동 주 무대가 되어왔다. 그동안 북한 당국은 장마당을 소극적으로 묵인해온 정도였는데 김정은 집권 이후에는 장마당 인정의 수준을 넘어 시장을 적극적으로 활용하고 있는 상황이다. 북한의 시장은 이미 장마당 단계를 넘어 현대식 시장이 공식적으로 허용되어(이를 '종합시장'이라고 한다) 운영되고 있다. 통일연구원에 따르면 2016년 12월 기준으로 북한에는 404개의 공식 시장이 있는 것으로 파악된다.[58] 또 다른 조사에 의하면 2016년 기준 공식 시장의 수는 436개로 집계되고 있다.[59] 이 같은 조사를 종합해보면 북한의 공식시장의 수는 최소한 400개 이상이 확실해 보인다. 시장화의 진전은 시장 거래에 기반을 둔 북한 주민들의 경제활동 비중이 점차 커지고 있다는 것을 의미한다. 김병연 교수[60] 등 여러 북한 전문가들에 따르면 북한 가구소득의 70~90%는 시장과 관련된 활동에서 나오는 것으로 추산된다.

한편 시장을 통한 거래가 확산됨에 따라 점차 부의 축적이 일어

---

58 홍민(2017).

59 미국 존스홉킨스 대학의 위성사진을 통한 조사에서 집계한 숫자이다(임강택, 2017).

60 Kim(2017).

나고 소위 '돈주錢主'라고 불리는 부유층이 형성되고 있다. 북한은 2014년 기업소법을 개정해 돈주 등 개인의 기업투자를 합법화하였다. 즉 돈주로부터 투자를 받아 아파트 건설을 하거나 국영기업을 운영하는 사례도 빈번하다고 한다. 돈주의 투자 영역은 건설, 여객·운수, 유통 등 사실상 경제의 거의 모든 분야로 확산되는 양상을 보이고 있다. 게다가 단순한 투자를 넘어 돈주가 국영기업(국영사업체)의 이름을 빌려(공식적으로는 개인기업이 허용되지 않으므로) 사실상 개인 사업소를 운영하는 사례도 빈번하다고 한다.

한편 상대적으로 통제가 어려운 개인의 경제활동은 물론, 북한의 기업활동도 이미 비공식적 시장에서 광범위하게 이루어지고 있다. 정상적인 기업활동을 위해 필요한 원료의 공급, 자금조달 등이 보장되지 않아 기업들은 자력으로 살아남고자 시장 거래를 통해 생존을 도모할 수밖에 없는 상황이 되었다. 북한이 과거 추구해왔던 중앙집권적 계획경제는 사실상 붕괴된 상황이고 많은 기업들은 각자 알아서 시장에서 상품을 팔고 원료를 구입하는 상황이다.

탈북자 증언에 따르면 직원이 근무를 하지 않고 기업 밖에서 알아서 돈을 버는 것을 많은 기업에서 허용하고 있다고 한다. 대신 직원이 시장에서 벌어들인 수입의 일부를 기업이 상납 받는 형식으로 기업의 매출이 이루어지고 있다는 것이다.[61] 결국 북한은 이제 시장과 개인의 이윤 활동을 허용하느냐 마느냐 하는 수준이 아니라 일정

---

61 탈북자 서베이를 통해 파악된 북한의 시장화 사례에 대해서는 Kim(2017)을 참조.

한 범위 내에서 통제가 가능하다면 시장을 적극적으로 활용하는 단계에 있다고 할 수 있다.

2. 대동강 기적 모델의 대전제

북한의 경제발전 문제를 다루는 데는 다른 저개발 국가들과는 달리 특별히 고려해야 할 사항이 있다. 무엇보다도 북한을 영구적인 독립 경제단위로 볼 수 없다는 점이다. 대한민국 경제와의 궁극적 통합과 통일된 남북 경제의 번영을 대전제로 해야 한다는 점이다. 통일된 한반도의 번영을 전제로 한다면 통일 대한민국의 정치와 경제체제는 '자유민주주의와 자유시장경제체제'를 벗어날 수 없다. 그러나 더 복잡한 문제는 단순히 정치와 경제체제가 자유민주주의와 자유시장경제체제로 통일된다고 해서 번영을 담보하기 어려울 수도 있다는 점이다.

우선 오늘날 일부 한국 국민들이 급속도로 좌경화되는 상황과 70년 동안 고착된 북한 주민들의 사회주의 이념이 합쳐진다면 제도적으로는 자유민주주의 정치제도가 시행된다 하더라도, 민주주의의 1인 1표의 속성상 경제의 사회주의화를 피하기는 어려울 것으로 보인다. 때문에 통일경제가 번영을 지속할 수 있겠는가 하는 문제를 심각하게 고민하지 않을 수 없다. 서구西歐의 사회민주주의나 영미英美권의 수정자본주의 혼합경제가 가져오는 저성장과 양극화 문제를 고려할 때, 좌경화된 통일한국의 경제 미래를 전혀 낙관할 수는 없어 보인다. 따라서 자유민주주의 이념 및 자유경제체제에 대한 북한 주민의 이해와 적응이 통일의 중요한 전제가 되어야 할 것이다.

다음으로 통일 후 남북 간의 경제적 차이를 해소하기 위한 통일비용 문제 또한 어려운 과제이다. 당장 북한의 빈곤문제 해결과 복지 수요 충족은 물론, 중장기적인 북한의 경제발전을 위한 한국의 재정적 지원을 어떻게 감당할 것인가 하는 통일비용 문제가 대두된다. 이 문제는 이미 앞에서 지적한 바와 같이 저성장과 양극화 구조로 진입하고 있는 한국경제를 자칫 회복 불능 침체의 늪에 빠지게 할 가능성이 크다. 통일 후 30년 넘게 실질적인 경제적 통일에 어려움을 겪고 있는 독일 통일의 경험이 반면교사가 될 것이다.

따라서 우리는 북한이 독자적으로 자유민주주의와 시장경제체제를 무리 없이 수용할 수 있는 수준의 경제로 성장하여 남북통일이 정치·경제체제 선택이나 나아가 통일비용 문제에 큰 부담이 되지 않을 단계에 이르러 남북한의 정치·경제 통일을 시도하는 것이 바람직하다고 생각한다. 이 단계로 가기 위해서는 북한의 개혁·개방이 필수적이다.

이 과정에서 현 북한 체제의 붕괴도 물론 가능한 시나리오이다. 이 경우 남한에 의한 북한 관리 체제로 갈 수도 있을 것이며 그 외 다양한 지배 구조가 가능하리라 생각되지만 이 문제는 본서가 다루는 주제의 범위를 벗어난다고 생각한다. 여기서 제시하는 대동강 기적 모델은 북한 경제를, 남한과의 통일에 있어 자유민주주의와 시장경제를 무리 없이 수용할 수 있고 통일비용도 최소화할 수 있는 경제로 성장시키기 위한 전략에 해당된다.

3. 남북한 경제 격차와 대동강 기적의 필요성

(1) 남북한 경제 비교와 격차

북한의 여러 가지 경제개발 노력과 시장화 확산에도 불구하고 여전히 남북 간 경제 격차는 계속 확대되고 있다. 그렇다면 현재 남북한의 경제 격차는 어느 정도나 될까. 북한에 대한 매우 제한된 정보로 인해 북한의 경제 상황을 정확하게 파악하기는 사실상 불가능하다. 국내외 여러 기관에서 제시하는 북한 경제 관련 통계들도 추정치이므로 실제 경제 상황을 정확히 나타내지 못한다고 할 수 있다. 그럼에도 불구하고 다른 대안이 없기 때문에 이들 기관들이 제시하는 북한 통계를 통해 북한 경제를 이해하는 수밖에 없다.

여러 정보를 바탕으로 추정된 북한 경제는 한국의 수십 분의 일에 불과하다. 2016년 북한의 국민총소득GNI(명목)은 36조 3,730억 원으로 남한 1,639조 665억 원 대비 1/45 수준이며 북한의 1인당 국민총소득은 146만 원으로 남한 3,198만 원 대비 1/22 수준에 불과하다. 또한 2016년 북한의 무역 총액은 65억 달러로 남한 9,016억 달러 대비 1/138 수준이며 북한의 수출액은 28억 달러로 남한 4,954억 달러 대비 1/176 수준이고 북한의 수입액은 37억 달러로 남한 4,062억 달러 대비 1/109 수준이다.

북한의 경제성장률은 김정은 집권 이후 3년간 1%대를 유지하다가 2013년 북한 3차 핵실험 이후 국제 대북제재 강화의 영향으로 2015년 성장률은 마이너스로 전환하여 8년 만에 최저치를 기록하였

그림 22 국민총소득GNI 추이

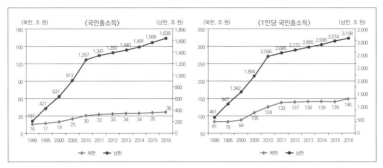

2017 북한의 주요통계지표(통계청)

그림 23 수출입액 추이

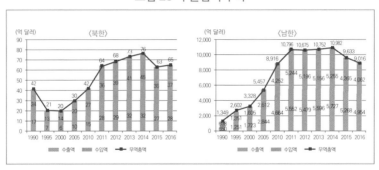

2017 북한의 주요통계지표(통계청)

다(남북한 경제성장률은 그림 24 참조). 하지만 2016년에는 예상과 달리 호조세로 반전하여 3.9% 성장하였다고 추정된다. 2016년의 예상 외 북한 경제의 성장은 시장화의 진전에 따른 결과라는 해석도 있다. 하지만 연이은 북핵 실험에 대한 미 주도의 전방위적인 국제 대북제재 강화의 영향으로 2017년에는 -3.5%의 마이너스 성장을 한 것으로 추정된다. 2017년의 경제적 어려움이 북한으로 하여금 2018년 들어 대화의 장으로 나오게 만든 것으로 보인다.

북한은 1990년부터 1998년까지 9년 연속 마이너스 성장을 하였으며 이 기간에 소위 '고난의 행군'이라는 최악의 식량난을 겪었다. 북한 경제는 2000년대 들어서도 때때로 마이너스 성장을 하면서 이제 마이너스 성장은 드문 일이 아니게 되었다. 북한과 같은 저소득 국가에 있어 십 년 가까이 연속된 마이너스 성장이라는 것은 사실상 경제적 재앙이라 할 수 있다. 매우 낮은 수준의 저개발 국가인 북한이 저성장 고착화의 한국에 비해서도 성장 속도가 뒤처지는 상황이 십 년 이상 지속되었으므로 그 누적된 효과로 나타나는 경제 규모의 격차는 매우 클 수밖에 없다. 북한이 한국과의 경제 격차를 줄이고 빈곤에서 탈출하기 위해서는 결국 성장의 모멘텀을 찾는 수밖에 없다.

북한은 오랫동안 경제특구·개발구를 성장 동력으로 삼고 해외투자 유치를 위해 다양한 노력을 해왔다. 하지만 가시적인 성과를 낸 특구 또는 개발구는 거의 전무한 실정이다. 북한 경제특구·개발구의 유명무실함은 이미 오래전부터 노정된 문제이므로 핵과 관련된 대북 제재 탓으로 돌리기도 어렵다. 북한의 경제특구·개발구 정책이 실패한 가장 기본적인 이유는 북한의 법·제도 등을 포함한 투자 인프라가 다른 경쟁국에 훨씬 미치지 못하기 때문이다. 비록 북한의 인건비는 매우 저렴하겠지만 상대적으로 잘 정비된 투자 인프라를 갖춘 동남아 등 다른 저개발 국가가 투자유치를 위해 파격적인 인센티브 제공에 나서는 것에 비해 북한이 특별히 내세울 수 있는 장점은 거의

그림 24 남북한 경제성장률 추이

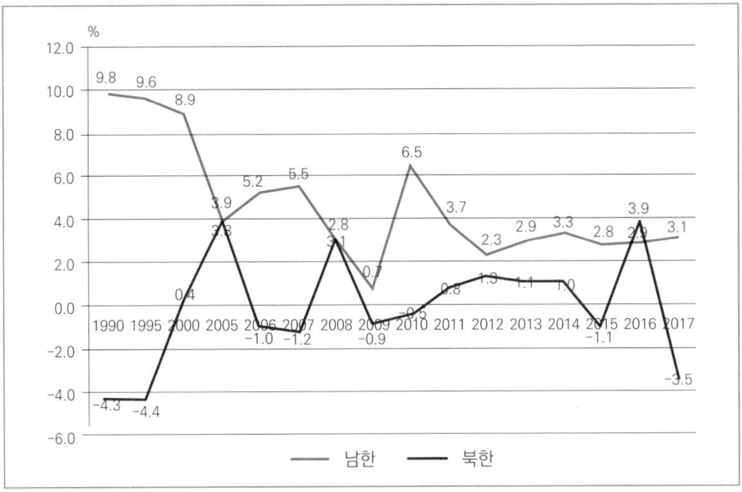

한국은행

없다. 여기에 더하여 북한 체제의 불확실성(정치체제와 정책의 불확실성, 국제 관계에 대한 불확실성 등을 포함)도 해외 투자자를 유치하는 데 있어 상당히 부정적인 영향을 미친다.[62] 따라서 기존의 경제 운용 방식을 계속 답습할 경우 북한은 빈곤에서 탈출할 수 없을 것이며 지구상에서 가장 낙후된 국가의 하나로 남게 될 뿐이다. 북한 경제가 성장하기를 원한다면 지금까지의 경로와는 전혀 다른 방향으로 나가야 한다.

(2) 대동강 기적의 필요성

북핵 문제 해결 방식을 둘러싼 논의와는 별개로 남북통일의 최

---

[62] 달리 말하면 국제사회에서 북한이라는 국가 브랜드가 주는 종합적 이미지가 '안정적(stable)'이라는 것과 거리가 멀기 때문에 해외투자 유치에 성과를 올리기가 어려운 상황이다.

대 정치·경제적 난제는 통일비용이다. 일제 치하의 2배나 되는 70년 간, 한국은 자본주의 시장경제체제로 크게 성공하였고 북한은 공산주의 체제의 길을 걸으며 국가 건설에 완전히 실패했다. 그러나 한국도 지금은 연평균 2%대 저성장의 함정에 빠져있으며 북한은 여전히 세계 최빈국이다. 또 남남 간의 이념적 갈등이 극에 달한 한국과 이를 부추기고 적화통일 야욕을 버리지 못한 북한은 언필칭 같은 말을 쓰는 하나의 민족이었다는 것 빼고는 정치, 경제, 사회, 문화, 가치관 등 모든 면에서 간극이 벌어질 대로 벌어져있다. 이를 무시하고 남북이 단기간에 정치·경제적으로 합쳐진다는 것이 무엇을 의미하고 어떤 결과를 가져올지는 저자들로서도 상상하기 어렵다.[63]

따라서 남북통일은 하나의 민족이라는 감성이 아니라 실사구시적인 냉엄한 현실적 판단으로 접근해야 한다고 생각한다. 남북한의 통일이 공멸의 길이 아니라 한반도 번영의 길이 되도록 안전장치를 강구할 필요가 있다. 그 길은 삶의 방식에 있어 북한이 한국에 비춰 상당한 수준의 유사성을 회복하는 단계까지 평화공존의 상호협력 체제를 유지하는 데 있다. 한국은 한국대로 하루빨리 저성장의 함정을 탈출하여 선진강국으로 자리매김하고, 북한은 대동강 기적으로 경제적 자립과 산업화의 길을 모색함으로써, 통일비용이 전혀 문제가 안 되거나 혹은 크게 부담이 안 되도록 하는 길밖에 없다고 생각한다.

---

63 통일비용에 대해서는 여러 추정치가 있지만 상호·비교하는 것이 무의미할 만큼 통일의 방식, 속도, 조건 등에 따라 큰 차이가 있다. 작게는 500억 달러에서부터 크게는 3.9조 달러 이상 등 통일비용의 추정치는 너무나 다양하게 제시되고 있다. 이러한 통일비용과 혜택에 대한 전반적 정리에 대해서는 Kim(2017) 참조. 그러나 이런 추정치들을 본문에서 제기하는 복잡한 정책 선택의 기준으로 삼기는 어렵다고 생각한다.

남북한 상이한 두 체제가 공존하는 상황에서 대한민국 헌법이 지향하는 '자유민주적 기본질서에 입각한 평화적 통일'은 상당한 시간이 요구되는 과정일 것이다. 그럼에도 불구하고 '자유민주주의'는 통일한국으로서 반드시 수호해야 할 디폴트 가치이므로 우리는 지난한 시간을 인내해야 할 것이다. 그 인내의 기간, 즉 남북긴장 완화 이후 통일에 이르기까지의 기간은 통일준비 기간이라고 볼 수 있으며 이 기간은 통일비용을 줄이는 기간이 되어야 할 것이다.

상상초월 막대한 규모로 추정되는 통일비용은 향후 통일 과정에서 상당한 장애요인이 될 수 있다. 특히 한국의 경우 현재 '복지국가'를 추구하고 있으며 향후 복지부담은 한국경제의 지속 가능성을 저해할 수 있을 정도이다. 만약 통일이 된다면 북한에 대한 복지혜택도 한국의 그것과 차별할 수 없으므로, 복지혜택의 축소가 없는 한 통일한국의 복지부담은 천문학적 규모가 될 것이다. 통일비용의 대부분은 남북한 경제력 격차에서 비롯되는 만큼, 비핵화 이후 북한의 경제개발을 위한 남북협력도 이 통일비용의 축소라는 측면에서 이해되어야 한다. 또한 단순히 금전적인 측면뿐만 아니라 경제발전을 통해 북한의 체제가 보편적 정상국가로 바뀌어 남북한의 체제적 이질성이 완화되는 것도 통일비용을 줄이는 중요한 과정이기도 하다.

현재의 남북한 경제력 격차를 줄이기 위해 북한 경제는 단순한 성장이 아니라 '도약'이 필요한 상황이다. 한국이 '한강의 기적'을 이루었듯이 북한도 '대동강의 기적'을 이루어야 하는 상황인 것이다. 하지만 단순히 시장화가 진전되고 개방된다고 해서 북한의 산업화가 이루어지고 경제발전이 일어나는 것이 아니다. 많은 저개발 국가의 실패가 이를 말해주고 있다.

북한은 운 좋게도 가난에 찌든 나라에서 선진국으로 경제적 도약을 이룬 희귀한 사례를 바로 옆에 두고 있다. 북한은 그 성공 노하우를 전수받을 수 있고 때로는 경제적 도움을 받을 수 있는 좋은 조건을 가지고 있는 것이다. 기적이라고 불릴 만큼 세계사적으로 드문 성공사례를 모델로 삼아 경제개발을 체계적으로 추진한다면 북한도 그 기적을 이루지 못하리라는 법은 없다.

북한도 '경제적 차별화'라는 경제발전의 원리를 국가경영의 원리로 삼아 체계적이고 일관된 정책을 펴 나간다면 '한강의 기적'이 그랬던 것처럼 '대동강의 기적'이 불가능한 일이 아니라는 것이다. 공교롭게도 2016년 기준 북한의 실질GDP 추정치는 약 32조 원이며 이는 박정희가 경제개발을 시작한 1960년대 초 한국의 실질GDP와 비슷한 수준이다. 박정희의 기업부국 패러다임을 북한 경제개발의 패러다임으로 계승할 경우 1960~70년대 한국의 고도성장기를 북한에서도 실현할 수 있을 것이다.

4. 한강의 기적을 대동강의 기적으로

(1) 중국과 베트남 성장 모델의 교훈

북한 경제의 새로운 선택지로 흔히 중국과 베트남 모델이 거론된다. 동유럽 국가들은 정치와 경제에 있어 모두 체제를 전환하였지만 이와 달리 중국과 베트남은 여전히 공산당 일당독재체제를 유지하고 있다. 독재국가를 유지하면서 경제개혁을 통해 성장하고 있다는 점 때문에 북한 지배층의 입장에서는 선택 가능한 성장 모델로 흔히 거론되는 것이다.[64]

특별히 중국 모델, 그리고 베트남 모델로 정형화된 공식이 있는 것은 아니지만 두 나라의 경제성장 과정을 보면 공통점과 차이점을 명확하게 알 수 있다. 우선 공통점을 보자면 시장개방과 자유화 조치를 들 수 있다. 어떤 사회주의 국가도, 비록 일정한 제한이 있을지라도, 시장개방과 자유화 없이 상당한 경제적 성취를 달성한 예는 없다. 중국과 베트남도 마찬가지이다. 정도와 속도에 있어 두 나라 간에는 차이가 있지만 양국 모두 기본적으로 시장개방을 통해 국제무역을 활성화했고 적극적으로 외국자본을 유치하였다. 또한 자유화를 통해 계획경제를 해체하거나 최소화했으며 시장 메커니즘 활성화 조치를 취하였다.

그뿐만 아니라 중국과 베트남은 점진적 경제개혁 노선을 취하였다는 점에서도 공통점이 있다. 체제 전환을 이룩한 동유럽 국가들의 경우 사실상 공산당 일당체제의 붕괴와 함께 경제개혁이 진행되었기 때문에 급진적인 경제체제의 전환이 이루어질 수 있었다. 폴란드, 헝가리, 체코슬로바키아 등 주요 동유럽 국가들은 1980년대 말 공산당

---

[64] 물론 북한 체제는 일반적인 사회주의 국가와 달리 신격화된 지도자가 지배하는 신정(神政)체제에 가까워 중국 또는 베트남 모델이 적용되지 않으며 북한 지배층이 그러한 모델을 선택할 가능성이 희박하다는 지적도 있다. 하지만 현실적으로 사회주의 국가로 상당한 경제성장을 성취한 국가의 사례가 중국과 베트남밖에 없는 상황이므로 이들 국가의 사례를 들어 향후 북한의 진로를 예상해보는 것이 비합리적 논의라고 볼 수는 없다.

정권의 장기집권이 막을 내리면서 국영기업 민영화, 시장자유화의 충격요법을 통해 급격한·체제 전환을 추진하였다.

반면 중국과 베트남의 경우 공산당 지배 권력의 유지를 전제로 경제개혁을 추진하였기 때문에 점진적 개혁이 될 수밖에 없었다. 동유럽의 체제 전환이 이루어진 1990년대 초 이후 동유럽 국가들의 경제성장과 중국·베트남의 경제성장을 비교해보면 지금까지 중국과 베트남의 점진적 경제개혁은 성공적 결과를 얻은 것으로 보인다(그림 25 참조). 중국과 베트남의 성장은 러시아와 동유럽 국가들처럼 정치·경제체제의 전면적 전환은 하지 않았지만 선先 경제개혁의 큰 틀 하에서 '경제적 차별화' 원리에 입각한 점진적 개혁이 경제성장에 도움

그림 25 주요 동유럽 국가와 중국 및 베트남의 성장률

World Bank

이 될 수 있음을 보여준 사례라 하겠다.

한편 양국 모델의 흥미로운 차이점으로는 중국과 베트남 모두 공히 FDI를 포함한 해외자본을 적극적으로 유치하여 경제성장을 추진하였지만 중국은 한국과 같이 자국기업 육성에 더 많은 노력을 기울인 반면 베트남의 경우는 FDI 등 외투기업에 거의 전적으로 의존하고 있다는 점이다. 경제성장의 시동을 걸기 위해서는 해외기업 유치가 반드시 필요하지만 해외기업에만 너무 의존해서는 지속적인 성장을 보장할 수 없다. 베트남의 경우를 보면, 외투기업이 베트남 수출, 수입의 대부분을 차지하고 있어 전체 수출과 수입에서 외투기업이 차지하는 비중은 2016년 기준 각각 71.6%, 59.0%에 이르고 있다.[65]

휴대전화를 비롯한 전기·전자 제품 등 주요 수출품의 대부분은 자국기업이 아닌 외투기업에서 생산되고 있다. 과거에 비해 훨씬 심화된 국제분업구조 하에서는 외투기업은 언제든 상황에 따라 생산기지를 옮길 수 있다. 이것이 베트남 성장의 한계이다. 경제가 성장함에 따라 임금은 자연히 상승하기 마련이다. 낮은 임금이 투자의 주요 인센티브인 외투기업은 상대적으로 더 낮은 임금을 찾아 떠나기 마련이다. 또한 경제성장과 더불어 임금 외에도 간접적 인건비 상승 요인(노동조합 권한 강화, 기타 복지비용 상승 등)도 외투기업의 이전을 촉진시킨다. 과거 중국을 생산기지로 삼았던 많은 기업들이 중국의 인건비 상승 등으로 베트남, 미얀마 등으로 공장을 이전하고 있으며 이들 동남아

---

65 안중기, 〈포스트 차이나의 선두주자, 베트남의 성장 가능성에 주목하자〉, VIP REPORT 17-38호, 현대경제연구원 VIP 리포트, 2017.11.09.

국가들도 외투기업들의 최종 종착지는 아닐 것이다. 만약 저개발 국가가 낮은 임금을 따라 이동하는 외투기업에 의존할 경우 임금상승은 자연스럽게 억제될 것이고 이 상황이 지속되는 것이 소위 '중진국의 함정'이라 할 수 있다. 말레이시아, 태국 등이 여기에 해당되며 만약 베트남 경제가 지금처럼 해외기업의 생산 활동에 의존할 경우 중진국의 함정에 빠질 가능성이 농후하다.

한편 중국의 경우는 외투기업의 역할도 컸지만 산업정책과 금융지원정책을 통해 육성한 자국기업이 핵심적 역할을 하였다. 중국은 개혁·개방 과정에서 국유기업의 민영화와 외투기업들의 기술이전을 독려하여 자국 민간기업의 성장을 도모하였다. 한편 국유기업에 대해서는 경영 외주화를 통해 경쟁을 촉진하고 효율성을 높이도록 유도하였다. 그 결과 많은 중국기업들이 「포춘」 500대 기업으로 성장하였고 현 수준의 중국 경제가 가능하게 된 것이다.

중국에 앞선 한국의 경험이 시사하는 바와 같이 산업정책과 금융지원정책을 적절히 사용한 자국기업 육성정책은, 기업으로 하여금 경제성장과 더불어 기술축적과 생산성 향상을 통해 임금상승을 자체적으로 흡수할 수 있도록 유도하고 이로써 중진국 함정을 피할 수 있게 한다. 그러나 지난 30여 년간 세계은행, IMF 등 국제금융 및 개발기구들은 소위 워싱턴 컨센서스라는, 산업정책을 경시하는 시장 중심적 정책들을 자문해왔다. 중국은 그동안 이들 국제금융 및 개발기구로부터의 자문 및 지원을 수용하는 데 소극적이었던 반면 베트남은 이들로부터 정책지원은 물론, 투자를 유치하는 데 있어 중국보다 훨씬 적극적이었다.[66] 이에 따라 베트남은 자연스럽게 워싱턴 컨센서스에 과도하게 경도된 국제기구들의 자문을 따름으로써, 너무 일찍 신자유주의적 시장경제체제와 경제운영의 분권화를 추구하게 되었다. 결과적으로 베트남은 산업정책과 금융 지원 수단을 방기함으로써 자국기업의 육성에 어려움을 겪고 있어 향후 중진국 함정에 빠질 위험에 부딪치고 있는 것이다.[67]

한편 중국 성장 모델과 관련하여 농업 부문의 문제에 대해서도 언급이 필요하다. 앞서 설명한 바와 같이 중국은 가정승포제를 통해 농업 생산성을 증대시켰지만 한국의 새마을운동과 같이 농가소득을 도시 가계소득과 같은 수준으로 끌어올리지는 못했다. 박정희 정부의 새마을운동은 농업 생산성 증대와 이를 위한 의식개혁이라는 목적을 가지고 있었기 때문에 의식혁명을 동반한 정책 효과가 매우 컸다. 하지만 중국의 경우 개혁·개방 과정에서 농촌보다 도시를 우선하는 전략을 채택했고 이것이 지금까지도 지속되고 있어 농촌이 상

---

66 중국이 세계은행이나 IMF 등의 자문을 상대적으로 경시해왔음은 잘 알려진 일이다. 이에 대해서는 보겔(2014) 참조. 그리고 국제금융기구들을 통한 중국과 베트남의 인당 순(net) ODA 수원 실적을 보면 1979~2015년간 누적으로 베트남은 인당 약 655달러로 중국에 비해 16배나 많았다.

67 사실상 베트남은 앞서 언급한 '중진국의 함정'에 빠진 동남아 국가들과 유사한 경로를 밟는 조짐을 보이고 있다. 베트남은 경제현실에 걸맞지 않게 시장자유화와 정책의 분권화를 빠르게 추진한 결과 산업지원을 위한 금융정책수단이 소진되면서 불가피하게 거시경제정책으로 성장을 촉진하고자 하였다. 하지만 확장적 통화정책을 쓰면 인플레이션이 오고 이를 치유하려 긴축정책을 쓰면 디플레이션이 오는, 즉 산업화를 통한 견실한 성장 없이 경기의 냉온탕을 반복하는 고충을 반복적으로 겪어왔다. 실제로 이러한 고민 때문에 베트남의 국책연구기관인 개발전략연구소(Development Strategy Institute of Vietnam)는 2012년 KDI와 MOU를 맺고 한국의 경제정책 운용 경험으로부터 배우기 위한 공동연구를 진행하였다. 이 과정에서 연구 의뢰를 받은 필자(좌승희)는 한국의 정책 운용 경험을 이론화하여 베트남에 실질적 도움이 될 수 있도록 보고서를 집필한 바 있다. 이에 대한 상세한 내용은 Jwa(2014)를 참조.

대적으로 소외되고 생활 수준이 크게 개선되지 못하고 있다.[68] 앞서 서술한 바와 같이 농촌 토지 활용에 제도적 제약이 있어 생산성 높은 자영기업농의 등장이 어렵고 도농 간 소득격차 확대로 '농민공'이 급증하는 문제가 발생하였다. 소위 '삼농문제(농업, 농촌, 농민 문제)'가 중국 정부의 해묵은 숙제로 거론되는 것을 보면 현재 중국의 농업 부문 문제가 예사롭지 않다는 것을 알 수 있다. 이는 중국 성장 모델이 극복해야 할 과제 중의 하나이다.

마지막으로 중국과 베트남의 국가정체성이 가지고 있는 한계를 지적할 필요가 있다. 중국과 베트남은 실질적 경제 운용과는 별개로 명목적으로는 엄연한 사회주의 국가이다. 개혁·개방의 기치 아래 사회주의라는 이념적 틀에 갇히지 않고 실용적으로 시장경제 원리를 도입하여 경제를 운용하고 있지만 자본주의 국가의 경제체제와 비교해보면 여전히 한계를 가진다. 사회주의라는 국가정체성은 경제적 차별화에 반하는 평등주의 정책에 정당성을 부여한다. 따라서 중국 및 베트남의 경우 정치적 목적과 필요에 따라 사회주의적 평등주의 정책을 강화하는 것이 자본주의 국가에 비해 훨씬 수월하며 사회적 수용도도 높을 수밖에 없다. 이 같은 사회주의 국가가 가지는 이념적 정체성은 경제적 차별화를 지속적으로 관철해나가는 데 있어 장애가 될 수밖에 없을 것이다.

이상의 논의를 통해 두 나라의 경험으로부터 배울 수 있는 교훈

---

68 Studwell(2013)도 유사한 점을 지적하고 있다.

을 요약하면 우선은 경제자유화와 경제개방의 필요성을 들 수 있다. 둘째로 체제 개혁에 있어 러시아나 동유럽의 체제 전환 경험과 비교할 때, 소위 포퓰리즘 정치가 너무 앞서가 경제를 정치화함으로써 경제적 차별화 원리를 방기하는 일이 없도록 주의할 필요가 있다. 셋째로 외국인투자 유치와 관련해서는 자생적 국내 기업의 성장과 육성을 최우선 전략으로 하여 부족한 자본 및 기술 습득과 고용 창출의 보완적 수단으로 활용하는 것이 바람직하다. 이는 이미 자국기업 육성전략을 택한 한국과 외투기업 의존 성장을 택한 말레이시아, 인도네시아 등 동남아 국가들과의 현격한 성과 차이를 통해 이미 증명된 명제를, 전자의 전략을 택한 중국과 후자의 전략을 택한 베트남의 성과 차이를 통해 또다시 재확인한 셈이다. 넷째로는 공업과 농업, 그리고 도시와 농촌의 균형발전 문제로 초기 도약기에는 전자 우선의 불균형발전전략이 불가피하나 동시에 경제적 차별화 원리에 기초한 '새마을운동'과 같이 농촌의 의식개혁과 생산성 향상을 동시에 달성할 수 있는 정책이 필요하다. 이를 통해 농업과 농촌의 자생력을 강화하여 점차적인 양부문 간의 동반성장을 유도해야 한다. 마지막으로는 불가역적인 시장화 개혁을 통해 사회주의체제로부터 벗어나야 안정적이고 지속 가능한 성장의 바탕을 마련할 수 있다. 이들 교훈은 결국 본서가 앞에서 제시한 한강의 기적에 기초한 기업부국의 새로운 경제발전정책 모델(제5장)의 보편적 타당성을 재확인하고 있는 셈이다.

(2) 박정희 기업부국 모델을 대동강 기적의 모델로

이제 북한 경제개혁의 미래 선택지로서 이들 중국과 베트남 두 나라와 한국의 한강의 기적 모델을 비교해 볼 차례이다. 두 나라 모두 한국의 개발연대 30년의 성과와 비교해 보았을 때 경제발전의 두 기둥인 성장과 분배라는 동반성장의 측면에서 보면 한국의 성과에는 미치지 못한다. 중국은 성장 면에서는 다소 한국을 능가하지만 앞에서 지적한 대로 분배라는 측면에서는 크게 미흡하여 이는 앞으로 풀어야 할 큰 난제가 되고 있으며, 베트남은 여전히 동반성장이라는 측면에서 한국의 경험에 비할 바가 못 된다.[69] 그뿐만 아니라 베트남은 이미 지적한 대로 예상되는 중진국 함정을 넘어야 하는 어려운 과제를 안고 있다. 사실상 두 나라 모두가 그동안 박정희 식 개발 전략을 배우려고 애써왔지만 동반성장의 관점에서는 여전히 한국 모델에 훨씬 못 미치고 있다.[70]

더구나 앞서 설명한 바와 같이 해외기업의 생산기지로서의 역할만으로는 저개발 국가의 성장에 한계가 있다. 국제분업구조가 심화되고 있는 현재 세계경제체제에서는 글로벌 대기업의 생산기지란 언제든 바뀔 수 있는 것이다. 따라서 자국 내 경쟁력 있는 제조기업 보유 없이는 안정적인 성장 엔진 확보가 어렵다. 그런 관점에서 볼 때

---

69 개혁·개방을 본격화한 1987년부터 2016년까지 지난 30년간 베트남의 연평균 성장률은 6.6%인데 비해 한국은 경제개발을 시작한 1961년부터 1990년까지 30년간 연평균 9.6%로 성장하였다. 한편 중국의 경우 덩샤오핑 등장 이후 30년, 1978~2007년간 연평균 성장률은 10.0%를 기록하였다.

70 그러나 안타깝지만, 지금의 중국은 한국이 박정희 청산을 내건 민주화 시대 이후 부딪치고 있는 정치와 경제문제들을 보면서 이제는 오히려 작금의 한국경제를 반면교사로 삼고 있음도 잊어서는 안 된다.

박정희의 기업육성은 외투기업에 의존하지 않고 독자적 성장의 결실을 이루어낸 성공사례라 할 수 있다.

따라서 북한으로서는 향후 경제발전 모델로 한강의 기적 모델을 우선적으로 고려할 필요가 있다. 더구나 앞에서 설명한 경제발전의 원리나 역사적 경험상으로도 북한이 한강의 기적의 성공원리를 경제개발 전략에 적용하지 않고는 대동강 기적을 기대하기는 어려울 것이다. 더구나 이를 통해 남한으로부터 기적과도 같았던 경제성장의 노하우를 전수받을 수 있을 뿐만 아니라 여러 유무형의 경제적 도움을 받음으로써 북한은 다른 저개발 국가들이 경제개발 과정에서 겪었던 시행착오와 실패를 최소화할 수 있을 것이다. 한강의 기적은 북한이 선택할 수 있는 최선의 모델임이 분명하다.

북한이 '한강의 기적'을 배워 '대동강의 기적'을 실현하기 위해서는 현재의 시장화 수준보다는 훨씬 진전된 시장경제 제도를 갖추어야 한다. 이에 따라 경제적으로는 물론 정치적으로도 상당한 수준의 개혁·개방이 진행되어야 박정희의 모델이 작동할 수 있다. 경제적 차별화 원리가 작동하기 위해서는 개인이 상당한 정도의 재산을 축적할 수 있는 권리와 재산권이 보장되어야 하며 시장 거래의 자유도 보장되어야 한다. 물론 선진국의 시장경제와 같은 수준의 제도를 갖추기는 현재로서는 어렵겠지만 최소한 중국 수준의 경제적 자유가 주어져야 기업이 성장할 수 있고 경제발전도 이룰 수 있을 것이다.

특히 재산권과 관련하여서는 최소한 중국식으로 토지 등에 대한 이용권을 인정하고 거래를 허용하면서 재산에 대한 상속세를 면제하거나 최소화하여 부의 축적 유인을 극대화하는 것이 필요하다. 자녀들에 대한 상속은 부를 축적하는 데 있어 가장 큰 인센티브이다. 따라서 북한의 모든 주민들이 부의 축적 경쟁에 나설 수 있도록 경제적 유인 체계를 강화해야 한다. 특히 북한과 같이 가난한 나라일수록 가난의 대물림에서 벗어나고자 하는 동기가 강할 수 있다. 따라서 적절한 유인 체계가 제공된다면 잠자던 부의 축적 동기와 경쟁 본능이 살아나 북한 사회 전체가 발전지향적인 사회로 변모하여 새로운 산업 사회로의 변화를 이룰 수 있을 것이다.

지금 북한에서는 소위 '돈주'라고 불리는 자금력을 갖춘 개인사업자들이 활발한 경제활동을 하고 있는 것으로 알려져 있다. 물론 사기업을 인정하지 않은 북한에서 이들의 경제활동은 공식적으로는 불법이지만 당국은 이들의 활동을 묵인하고 있다. 더 나아가 북한 당국은 이들의 자금력을 국영기업의 사업에 활용하고 있는 상황이다. 따라서 국영기업의 사업에 돈주의 자금이 투자되는 일이 빈번한 것으로 알려지고 있다.[71]

결국 '돈주'가 사실상 자본가의 역할을 하는 셈이다. 북한 경제가 도약하기 위해서는 이들 '돈주'가 단순히 사금융업자에 머물지 않고 모험적이며 혁신적 기업가로 발전할 수 있어야 할 것이다. 이들이 한국의 정주영, 이병철 같은 기업가로 탈바꿈할 때라야 비로소 '기업부국 모델'이 북한에서도 작동하고 북한 경제의 도약이 시작되는 것이다.

---

71 예를 들어 평안남도 순천화력발전소는 돈주의 투자를 받아 폐열을 이용한 수영장, 목욕탕 등을 건설하여 일반대중을 상대로 사업을 하고 있으며 수익은 돈주와 나누고 있다(양문수, 2018. 5).

한강의 기적의 경험을 참고하여 대략적인 북한의 경제개혁 방향을 그려보자면, 우선 낙후된 사회간접자본의 복구가 가장 시급하다. 도로, 항만 등이 경제활동의 핏줄로서 정상적으로 작동할 수 있도록 개선·건설되어야 하고 필요하다면 해외투자 유치도 고려해야 한다. 한편 조정 속도가 느린 실물경제 부문의 개혁을 금융보다 앞세우되 제조기업 육성을 위해 경제적 차별화 원리에 따라 산업정책과 금융지원을 강화해야 한다. 개발금융기관이 설립되어 이 기관이 기업에 대한 금융 지원을 차별화 원리에 입각하여 주도하도록 해야 한다. 또한 제조기업들의 수출을 늘릴 수 있는 지원 인프라를 구축하여 수출증진과 기업 성장을 도모해야 한다. 제조기업 부문이 성장하면서 수출과 국내투자가 증가하면 점차 서비스업 부문의 성장도 유발될 것이다. 수출 제조기업에 대해서는 수출수익의 국내 재투자를 적극 장려하여 수출과 내수, 제조업과 서비스업이 함께 성장할 수 있도록 하고 이로써 포용적 동반성장이 가능해지도록 해야 한다.

낙후된 농업 부문도, 의식개혁과 소득증대를 동시에 달성한 한국의 새마을운동 방식의 농촌개발전략을 하루빨리 원용함으로써 도시와 농촌의 유기적 발전을 유도해야 한다. 산업화에 따른 기술인력 공급 및 교육을 강화해야 하며 나아가 R&D를 공급할 수 있는 대학의 연구기능과 과학기술연구기관을 확충하는 노력도 경주해야 한다. 이런 방향으로 경제개혁에 성공하여 한국의 성장 속도와 유사하게 20여 년 정도 성장한다면 후술하는 북한 경제 성장 전망에서 추산한 바와 같이 한국의 1980년대 중후반 수준(중산층이 두텁게 형성된 시기)의 일인당 소득에 도달할 것으로 전망된다.

(3) 남북경협의 새로운 패러다임

만약 북한의 실질적인 비핵화가 진행된다면 남북경협이 재개될 것으로 보인다. 그러나 비핵화의 성사 여부는 여전히 오리무중이다. 하지만 어떠한 경우에든 새로 진행될 남북경협이 과거의 방식을 답습해서는 북한 경제개혁에 도움이 되지 않을 것이라는 점을 유념할 필요가 있다. 특히 개성공단, 금강산 관광 같은 현금지원성의 국지적 남북경협은 북한의 경제체질을 바꿔 산업화로 나아가는 데 전혀 기여하지 못한다. 특히 저개발 국가에 대한 국제기구의 원조는 실패로 드러났는데 이와 유사한 형식으로 남북경협이 진행된다면 돈은 돈대로 낭비하고 북한의 산업화는 무위로 돌아갈 가능성이 크다. 따라서 미래의 남북경협은 이벤트성 사업 또는 원조 형태가 아닌 전혀 새로운 방식으로 추진되어야 할 것이다.

남북경협의 새로운 패러다임은 북한에서도 기업가들이 나타나 자신들의 사업을 일으켜 부를 창출 할 수 있도록 남북이 협력하는 패러다임이어야 한다. 그 과정에서 한국 기업들이 다양한 방법으로 북한 기업에 과거 경험을 전수하거나 자금을 지원할 수 있을 것이다. 그러나 북한에 대한 한국의 지원은 공공이든 민간이든 무상원조는 가능한 최소화하면서 '경제적 차별화'의 시장원리에 따라 철저하게 성과에 연동하여 지원되어야 할 것이다. 만약 차별화 원리가 지켜지지 않을 경우 앞서 살펴 본 아프리카 사례와 같이 북한도 원조의 덫에 걸릴 수 있다. 경제는 성장하지 않고 국민들은 빈곤에 허덕이는 반면 소수의 지배층은 해외원조에 기대어 배를 불리는 상황이 올 수 있다. 즉 북한을 돕기 위해서 지원된 자원이 오히려 부패를 키우는 영양분이 될 수 있다는 것이다.

남북경협의 새 패러다임은 이 같은 도덕적 해이 상황을 막고 북한에서 민간기업이 부상浮上하여 경제성장을 이끌어 나갈 수 있는 길을 만들어야 한다. "스스로 돕는 기업을 우선 지원하는" 성과 연동 지원 방식과 경제적 차별화 원리를 따라 경제협력 체제를 구축해야 한다.

(4) 대동강 기적 실현에 따른 북한 경제 성장전망

앞선 여러 장에서 밝힌 대로 박정희 성장전략의 성공 요체는 '경제적 차별화' 원리를 바탕에 둔 기업육성이라고 할 수 있다. 1960년대 초 경제개발을 시작할 때 변변한 기업이 없었던 한국경제는 오늘날 북한 경제와 크게 다를 바 없었다. 실제로 한국은행에 따르면 2016년 북한의 실질GDP(2010년 가격 기준)는 약 31조 원으로 추정되며 이는 한국의 1962년 실질GDP 30.4조 원과 큰 차이가 없다. 따라서 북한이 박정희 성장전략을 채택하여 '대동강의 기적'을 창출한다면 한국의 성장 추세를 따를 가능성이 크다. 이 같은 관점에서 한국의 성장 과정을 분석해봄으로써 북한에 대한 성장을 전망해볼 수 있다.

기업경제론의 관점에서 볼 때 한국경제의 성장은 한국 기업의 성장 과정이라고 할 수 있다. 정부의 산업정책이 차별화 원리에 의거하여 작동하면서 기업이 성장하고 그 결과가 국민경제의 성장으로 나타난 것이 한국경제의 성장 과정이다. 따라서 북한의 경우도 '대동강의 기적' 실현의 출발점은 기업육성이 되어야 할 것이다.

그렇다면 북한이 '기업부국 한강의 기적' 모델을 따를 경우 북한의 기업은 어떻게 성장하게 될까. 이에 대한 답은 한국의 기업 성장 과정을 통해 추론할 수밖에 없다. 그림 26은 한국 기업의 인당 자산 총액 증가율(1969~2015)이다. 전반적으로 하향 추세를 보이고 있는데 한국 기업의 자산 증가율을 바탕으로 북한의 기업 성장을 추론하기 위해서는 먼저 한국의 기업 성장 추세의 구조적 변화에 대한 검토가 필요하다.

그림 26 한국의 기업자산 증가율(%): 1969~2015

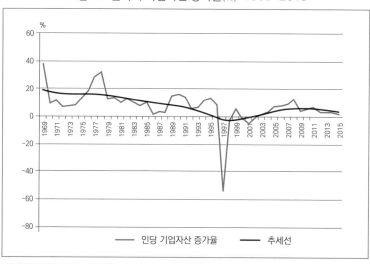

실질기준(2010년 기준)이며 추세선은 Hodrick-Prescott filter를 통해 추출

한국경제의 성장전략은 박정희 사후死後 큰 변화를 겪게 되는데 특히 기업정책에 있어서는 평등주의적 정책 기조가 견고하게 자리 잡게 된다. 1980년에 공정거래법이 제정된 후 1986년에는 출자총액제가 도입되면서 대기업의 성장에 본격적인 제약이 가해진다. 그러나 이미 박정희 사후 1980년부터 중화학공업화 정책에 대한 부정적 관점이 세계은행과 국내 KDI 등 관변경제학계를 중심으로 제기되고 심지어 중화학공업화가 실패한 정책으로 공식화되면서 정부에 의한 소위 대기업들의 투자 합리화를 위한 구조조정이 잇달았다.

이에 따라 반反대기업 정서가 조장되고 기업들의 성장 의욕이 이미 꺾인 상황에서 이런 분위기를 반영하여 1986년 본격적인 대기업 규제가 공식화되었고 대기업은 새로운 규제 환경에 놓이게 된다. 아마도 이런 배경 때문에 다음의 실증분석 결과에 의하면 박정희 시대 이후 기업 부문 최초의 구조적 성장 추세 하락 기점이 계량경제학적으로, 1986년이 아니라, 1985년으로 추정되는 게 아닌가 싶다.

또한 1997년 말 발생한 외환위기의 주범으로 대기업이 지목되면서 대기업에 대한 명시적, 암묵적 규제가 강화되기 시작한다. 따라서 1997년 이후부터는 기업규제 환경의 새로운 구조 변화를 겪게 된다. 북한이 박정희 성장전략을 수용할 경우 북한 기업의 성장 정도를 추론하기 위해서는 이 두 구조적 변화 효과를 한국 기업의 성장 추세로부터 제외하여야 할 것이다. 즉 1985년부터, 그리고 1998년부터의 구조 변화가 한국 기업의 성장에 미치는 효과를 제거한 후의 한국 기업 성장 정도를 근거로 북한의 기업 성장을 추론하는 것이 타당할 것이다.

실증분석에 의하면 1985년부터의 제도 변화와 1998년부터의 제도 변화는 각각 -5.9%p, -5.4%p 정도로 한국의 인당 기업자산 증가율에 부정적 영향을 미치는 것으로 나타난다.[72] 만약 이 같은 부정적 영향이 없다면 한국의 인당 기업자산의 추세 증가율은 약 15.2%로 분석된다. 이를 통계적 추정식으로 표현하면 아래와 같다. Dummy(85~2015), Dummy(98~2015)은 각각 1985년부터, 그리고 1998년부터의 제도적 환경 변화를 나타내는 해당 기간만을 1로 하는 가변수 dummy variable이다.

인당 기업자산 증가율(%) = 15.2-5.9 *Dummy*(85~2015)-5.4 *Dummy*(98~2015)

위의 식은 달리 말하면 북한이 박정희 모델을 수용하여 한국과 같은 추세로 기업육성을 한다면(단, 한국과 같이 기업 성장을 저해하는 평등주의적 정책 도입을 하지 않는다는 가정 하에) 기업자산은 매년 15.2%로 증가할 수 있다는 것을 의미한다. 북한이 기업을 육성하여 매년 인당 기업자산이 15.2% 증가한다면 북한 경제는 어떤 성장경로를 밟을 것인가. 이에 대한 해답은 경제성장과 기업자산과의 관계를 규명함으로써 얻을 수 있다.

기업의 성장과 새마을운동이 한국의 경제성장에 미친 효과를 분석한 연구[73]에 따르면 인당 기업자산이 1% 증가할 경우 인당 실질

---

72 1997년 기업자산 증가율은 -55%가 넘는 매우 예외적(outlier) 관측치이므로 이는 실증분석에서는 제외하였다.

73 Jwa(2018).

GDP는 0.56% 증가하며 새마을운동은 연간 1.26%p 추가 성장 효과를 가져오는 것으로 나타났다. 이 같은 결과를 바탕으로 북한이 박정희 모델을 수용할 경우 가능한 성장 궤적을 추산해보면 다음과 같다. 북한의 인당 기업자산이 매년 15.2% 증가하고 새마을운동과 같은 의식개혁의 효과를 누린다면 북한은 매년 9.77%(=15.2×0.56+1.26) 성장할 수 있다는 추론을 내릴 수 있다. 또한 북한이 이 같은 속도로 20년간 성장한다면 20년 후 북한의 인당 실질GDP 규모는 원화표시로 829만 원 정도가 되어 계략적으로 한국의 1988년 수준에 달할 것으로 추산할 수 있다.

이 같은 추산은 북한의 경제 상황에 대한 구체적 정보에 기초하지 않고 한국의 성장 경로를 북한도 유사하게 밟을 것이라는 암묵적 가정 하에 도출된 것이다. 따라서 대략적 계산일 수밖에 없다. 하지만 북한이 박정희 모델을 전면적으로 수용할 때 경험할 수 있는 성장 효과를 가늠할 수 있게 해준다는 점에서 의미가 있다. 그리고 이 전망치가 북한의 바람직한 선택을 이끌어내는 데 도움이 될 수 있을 것이다.

5. 남북 공동번영의 길과 북한의 선택

북한의 경제개발은 단순히 경제개발특구의 활성화, 개성공단 및 금강산 관광 재개 등 국지적 특정 사업 또는 이벤트성 사업의 활성화 등으로 이룰 수 있는 것이 아니다. 물론 이런 사업들을 통해 경제성장률이 올라가고 북한 주민들의 경제적 여건이 다소 나아질지는 몰라도 북한 경제의 질적인 도약, 즉 한국이 성취하였던 것과 같은 산업화를 이루기는 어려울 것이다. 결국 한강의 기적에 비견될만한 대동강의 기적을 이루기 위해서는 산업화를 위한 전면적인 패러다임의 전환이 뒤따라야 할 것이다. 이런 점에서 이 책은 '한강의 기적'을 성취한 '박정희 식 기업부국 패러다임'이야말로 북한의 '경제부흥'을 위한 산업화 패러다임으로서 가장 적합한 발전 모델이라고 주장한다.

이제 북한은 선택의 기로에 놓여 있다. 이대로 핵무기를 안고 세계와 고립되어 빈곤에 허덕이는 '실패한 국가'로 남을 것인지, 아니면 세계와 교류하면서 주민들의 삶의 질을 개선하고 산업화를 추진하는 정상 국가로 나아갈 것인지를 선택해야 하는 길목에 서 있다. 만약 북한이 다행스럽게도 후자의 길을 선택한다면 박정희 패러다임을 적극적으로 받아들여야만, 지난 수십 년간의 경제발전 정체기에서 빠르게 벗어날 수 있을 것이다. 이런 관점에서 보면 향후 한민족의 공동번영과 이를 통한 한반도의 새로운 미래가 대동강 기적의 성패에 달려있을 뿐만 아니라 이에 대한 전적인 책임이 바로 북한 지배그룹의 선택에 달려 있음을 알 수 있다.

북한이 제 힘으로 일어서지 않고 남북한, 나아가 한반도 경제의 번영을 확보할 길은 없다. 좋은 뜻으로 지원하고 원조하여 경제가 살아난다면 세상에 못 사는 나라와 못 사는 사람은 없을 것이다. 이대로 남북이 통합한다고 해도 북한이 자생적 성장의 기반을 자체적으로 만들어내지 못한다면 상당한 기간 동안, 어쩌면 영원히 남북한 경제의 이중구조를 해소하기는 어려울 것이다. 혹시 북한이 남한 경제를 이용해서, 또는 무력으로 남한을 겁박하고 부富를 나누어가짐으로써 성장할 수 있다고 생각한다면 큰 오산이다. 경제성장은 그렇게 간단하게 이루어지는 것이 아니다. 북한이 자조·자립정신으로 무장하여 자력으로 남한을 경제적으로 추격하지 못하면 통일이 된다 해도 북한 주민은 영원히 자존심 상하는 이등국민으로 남을 수밖에 없다. 북한이 빈곤에서 탈출하고 본격적인 산업화 과정에 접어들어야 남북한이 공동번영할 수 있는 토대가 만들어지는 것이다. 그 길로 가기 위해서는 경제를 발전시키려는 북한의 자력 의지 발현이 절대적으로 필요하다.

자조·자립정신으로 충만한 북한이 되기 위해서는 하루빨리 사회주의 이념에서 탈피하는 것이 급선무이다. 이미 근대 역사가 증명한 바대로 서로 평등하게 잘 살자는 사회주의 이념은 결코 경제적 번영을 가져오지 못한다. 서로 더 열심히 하고자 하는 자본주의경제만이 번영을 약속한다. 이는 하늘이 두 쪽이 나도 바뀔 수 없는 인간사의 철칙이다.

중국이 사회주의시장경제Socialist Market Economy라는 깃발 아래 고속성장하고 있다고 강변할지 모르나 이는 중국식 실용주의를 너무 모른 무지의 소치이다. 공식적으로는 공산당 일당독재 하에 사회주의경제 한다고 하면서 실제로는 기업을 앞장세워 어느 선진 자본주의 국가와 비교해도 크게 다를 바 없는 자본주의경제를 하고 있는 중국의 실용주의를 바로 보기 바란다. 사회주의에서는 가당치도 않은 일임에도 선부론先富論을 당당하게 내건 덩샤오핑에게서 북한은 배울 필요가 있을 것이다. 이제 북한의 지배세력에 주어진 선택지는 하나밖에 없어 보인다. 남한의 성공 역사를 부정할 것이 아니라 열심히 학습하여 최단기간 내 한국을 따라잡아 인류 역사에 길이 빛날 또 한 번의 경제 기적을 실현하는 길밖에 없다.

한편 대한민국이 이룬 한강의 기적은 그냥 단순한 경제 기적이 아니라 국가 건설의 새로운 패러다임을 제시한 인류사적 사건임을 인식할 필요가 있다. 대한민국은 인류 역사상 최초로 '식민지 착취'나 '패권국가로서 다른 나라를 착취'한 경험 없이 오히려 35년간의 식민 지배를 받은 처지에서, 오로지 자조·자립정신을 바탕으로 전쟁의 잿더미에서 국민국가를 일으켜 선진국으로 발돋움한 사례이다. 한국은 경제적 토대가 전무한 상태에서 자력으로 기업을 일으켜 수출경쟁을 통해 세계경제 영토를 당당히 쟁취하였다. 이를 통해 선진국 반열에 오른, 한국은 세계 역사상 전례가 없는 국민국가 건설nation building의 모범사례이다. 아직도 식민지 착취 역사를 자랑삼고 패권을 내세우는 지금의 선진국이나 강국이라는 나라들 중 어느 누가 감히 한국의 국민국가 건설을 민주주의에서 벗어났다거나, 경제건설에 있어 정부 역할이 과도했다고 폄하할 수 있을 것인가? 선진국의 국가 건설 역사는 도덕적으로나 민주주의적 관점에서나 경제적 성과에서나 감히 한국을 뛰어넘지 못한다.

안타까운 것은 국민국가 건설의 새로운 패러다임이 한반도의 반쪽에서만 실현되었다는 것이다. 나머지 반쪽인 북한은 최고의 모범사례와 정반대로 가는 바람에 '현존하는 최악의 국가'라는 오명에서 벗어나지 못하고 있다. 북한이 정상적 국가로 탈바꿈하고 한반도의 평화와 번영에 이바지하기 위해서는 새로운 국가 건설 패러다임인 기업부국 패러다임에 동참해야 한다. 이것만이 변화하는 세계정치경제질서 속에서도 남북한 공동의 번영을 담보할 수 있는 길이 될 것이다.

마지막으로 북한은 중국과 베트남의 경험을 통해 사회주의체제의 뼈아픈 교훈을 배워야 한다. 지금 양국은 명목상은 사회주의체제를 고집하고 있지만 아이러니하게도 실제로는 괴멸시킨다고 하던 자본주의경제체제를 살려내어 이를 수단으로 경제성장을 추구하고 있는 셈이다. 자본주의를 청산하기 위해 피 흘려 싸워 이겼다고 했으나 결국은 자본주의에 정복당한 꼴이다. 돌이켜 보면, 이들이 그동안 사회주의 승리를 위해 자국민들과 주변국들에 끼친 그 막대한 희생은 도대체 무엇을 위한 희생이었던가를 자문할 수밖에 없을 것이다. 허망한 일이 아닐 수 없다. 교훈이 있다면 북한은 하루빨리 대한민국에 대한 적화통일 야욕을 버리고 자본주의 시장경제체제를 수용하여 동반번영의 길에 나서야 할 것이다. 그것만이 그동안 민족과 역사에 지은 죄를 조금이라도 갚는 길이 될 것이다.

기업부국으로
세계경제 영토 확장에 나서야

기업부국으로
세계경제 영토 확장에 나서야

제2차 세계대전의 종언과 함께 세계 열강들의 식민지 지배 시대가 끝나고 많은 신생국가들이 국가재건의 꿈으로 경제개발에 나섰지만 산업화에 성공하거나 선진국 대열에 진입한 국가는 우리나라가 유일하다. 이 예외적이고 놀라운 경제발전의 성과를 이룩한 데에는 박정희의 독특한 기업부국企業富國 패러다임이 있었기 때문에 가능했다. 이 연구는 북한을 포함하여 저개발 국가나 개발도상 국가들이 한국처럼 질적인 경제개발을 이루려면 이제까지 대다수 저개발 국가들이 실패했던 발전 경로를 되풀이하지 말고, 박정희의 기업부국 패러다임을 차용借用하는 것이 최선의 길임을 논증하고자 노력하였다.

박정희의 경제적 차별화 원리를 수용하여 이를 국가 운영 전반에 적용하는 것은 독재체제의 북한에서도 쉽지 않을 것이다. 일반적으로 어떤 형태의 정치·경제체제에서건 정부가 경쟁력이 있는 경제 주체를 '차별적'으로 우대하는 것은 정치적으로 대단히 부담스러운 일이다. 민주주의 국가에서는 형평성을 지향하는 특성상 차별화 정책을 펴기가 어렵고, 권위주의 국가에서는 억압적 지배에 대한 반대급부, 즉 당근책으로 평등주의적 정책을 펴는 경우가 많기 때문이다. 또한 일부 국가에서는 집권층이 경제권력의 부상浮上을 불편해하기 때문에 적극적인 차별화 정책이 집행되지 못하는 경우도 있다. 특히 역사에서 보았듯이 좌파 독재는 물론 우파 독재국가에서도 정책을 통한 균등화를 추구하였던 것이 다반사였다.

더군다나 저개발 국가 국민들의 의식이 차별화를 통한 성장 원리를 받아들이지 못한다면, 즉 의식개혁이 동반되지 못한다면, 차별화 정책을 추진하더라도 성과를 얻기란 매우 어렵다. 박정희 정부가 자립·자조 정신 등 국민 의식을 그렇게 강조하였던 것도 그 때문이었고, 새마을운동도 그런 의식개혁 운동의 일환이었다. 그렇기 때문에 많은 저개발 국가가 박정희 시대의 산업정책과 새마을운동을 벤치마킹하고는 있지만, 크게 성공한 사례를 찾기 어려운 것이다. 저개발 국가들이 박정희 정책의 형식만 모방했을 뿐 박정희 모델의 가장 핵심인 차별화 원리는 자신들의 정책에 체화體化시키지 못했기 때문에 벤치마킹에 실패할 수밖에 없는 것이다. 본서는 경제적 차별화 원리를 경제발전정책의 기조로 삼지 않고서 경제발전을 이루려는 노력은 결국 도로에 그칠 것임을 논증하였다. 국가 리더에서부터 일반국민에 이르기까지 이 이치理致가 공유되어 경제발전의 이상이 지구촌 모든 곳에서 실현되기를 우리는 기원한다.

한강의 기적은 경제적 차별화 원리에 따라 성공하는 기업을 앞세운 기업 주도의 산업혁명이었다. 개발연대 대한민국은, 부국강병富國強兵이라는 군사력을 앞세워 영토를 확장하고 식민지 후진국을 착취하여 근대화를 달성했던 18~19세기의 전통적 제국주의 근대화 패턴을 탈피한, 탈脫제국주의 시대의 새로운 근대화 혁명을 실현하였다. 박정희 시대 한강의 기적은 어떻게 식민지 경영도 없이 영토와 자원도 변변치 않은 약소국이 무에서 일어나 선진강국으로 도약할 수 있는지 그 비법을 제시하였다. 한강의 기적으로 일어나 오늘날 1인당 소득 3만 불을 넘긴 한국경제는 20세기 이후 국가다운 규모의 경제로서 유일하게 산업화를 통한 부국혁명을 완성한 국가가 되었다.

　　이 혁명의 실현은 바로 기업부국 패러다임의 성공 과정이었다. 이는 차별화 원리를 구현하여 기업을 세계경제전쟁의 전사로 육성하여 경제영토를 확장하였기에 가능하였다. 2018년 현재 한국의 국토는 중국이나 미국의 약 1/100, 일본의 약 1/4, 러시아의 1/170에 불과하지만 경제영토는 세계 9위(총 교역액 기준)로서 미국과 중국의 약 1/4, 미국의 1/4, 일본의 80%를 차지하고 있다. 「포춘」 세계 500대 기업 보유 순위는 7위(16개)로서 미국(126개)의 약 1/8, 중국(120개)의 1/7, 일본(52개)의 1/3이나 되어 그동안 기업의 경쟁력을 앞세워 9번째로 넓은 세계경제 영토를 확보할 수 있었음을 확인할 수 있다. 대한민국은 기업의 경쟁력과 경제영토에서 선진부국에 전혀 손색없는 국가로 부상하였고 이 같은 성취는 기업부국의 새로운 경제발전 패러다임의 성공 결과이다.

바로 이것이 오늘날의 자유세계, 영토침탈이 극히 제한된 탈제국주의 시대에 저개발 국가가 선진강국으로 도약할 수 있는 길이 무엇인지를 웅변적으로 보여준 유일한 사례이다. **한강의 기적은 군대가 아닌 기업의 경쟁력을 앞장세워 세계경제 영토를 확대함으로써 약소국이 실질적인 선진국으로 도약할 수 있는 새로운 패러다임을 제시한 것이다.** 이는 국가 건설과 경제발전, 그리고 나아가 민주주의를 추구해야 하는 모든 저개발 국가와 개발도상국들, 심지어는 0%대의 성장과 양극화에 시달리는 선진국들이 재도약을 위해 추구해야 할 국가발전의 새로운 패러다임이라 할 수 있다. **본서의 바탕이 된 경제발전의 일반이론**Jwa, 2017**은 자본주의경제는 보이지 않는 손이 이끄는 시장경제라기보다 주식회사 기업이라는 보이는 손이 이끄는 기업경제라고 이미 명명한 바가 있다. 지난 200여 년의 자본주의경제 발전사는 기업을 일으키는 경제만이 동반성장과 번영을 향유할 수 있음을 웅변하고 있다.**

지금 벌어지고 있는 미중 무역전쟁의 본질 또한 마찬가지이다. 오늘날 대국 간 전쟁도발이 크게 제약되고 있는 상황에서 미국이 중국의 추격을 벗어날 수 있는 길은 미국 기업들의 선진 기술과 경영 노하우에 대한 중국 기업들의 무임승차를 차단하여 중국의 경제영토 확장을 막는 길 밖에는 없는 것이다. 이를 단순한 무역마찰로만 봐서는 안 되며 사실상 기업을 앞세운 패권전쟁으로 이해해야 한다. 기업 간 전쟁에 정부가 가세하고 있는 것이다. 2018년 현재「포춘」500 대 기업 중 미국과 중국의 기업 수는 126 대 120으로 단 6개의 차이에 불과하다. 중국은 90년대 초 무에서 출발하여 2004년 한국을, 그리고 2012년 일본을 추월하고 이제 미국을 추월하려 뒤를 좇고 있다. 만일 미국이 기업의 세계경제 영토전쟁에서 이기지 못한다면 멀지 않은 장래에 중국에 추월당하리라는 것이 불을 보듯 뻔해 보인다.

나아가 이 연구가 갖는 북한에 대한 메시지는 너무나 명백하다. 탈제국주의 시대에서는 약소국이 제아무리 무력을 증강한다고 해도 기업의 경제력 없이는 소용이 없다는 것이다. 무력만으로 지속 가능한 국가 번영과 국력 신장은 기대하기 불가능하다. 또한 국가 번영과 국리민복을 기하는 유일한 길은 기업부국의 새로운 길밖에 없다. 핵강국 러시아의 농경사회 수준으로 역주행한 경제현실이 반면교사가 될 것이다. 그러나 지금의 북한의 정치경제체제는 우리가 주장하는 기업부국 패러다임을 도저히 수용할 수 없는, 농경사회 절대왕정보다 더 낙후된 공산주의 신정체제이다. 하루빨리 '핵강국'이라는 망상을 버리고 기업부국과 자본주의 번영의 새 패러다임을 적극 수용하여 근대화의 길에 나서는 길만이 이 세상에서 살아남는 것이다. 물론 이는 궁극적으로 남한과 더불어 한반도에 새로운 번영의 시대를 여는 데 동참하는 길이 될 것이다.

그런데 불행하게도 문제는 북한만이 아니라 대한민국의 현실에도 큰 그림자가 드리워지고 있다는 점이다. 소위 민주화 시대 이후 한국 정부는 반反 박정희 조류 속에 '반 기업정책'을 쏟아내기 시작했다. 대한민국은 오늘날 3만 불 소득 시대를 열기는 했지만 기업 성장을 억제하는 대기업 규제정책과 성장하는 중소기업을 역차별하는 중소기업 지원정책 속에 기업 성장이 총체적으로 정체되고 있는 상황이다. 더구나 지금의 문재인 정부는 아예 대기업의 성장이 '균형적인' 국민경제의 성장에 방해가 된다는 극단적인 사회주의 평등 이념에 젖어 중소기업을 세계적인 기업으로 육성시킨 박정희 기업부국전략을 무력화시키고 있다. 지금의 경제적 어려움은 이 정부가 추구하는 개별적인 정책에도 문제가 있지만 무엇보다 근본적인 원인은 중소기업과 대기업 모두의 성장 본능이 급속도로 꺼져 가는 데 있다. 박정희 시대 이후 제대로 된 대기업 하나 못 키워낸 실패한 정책을 반성하기는 고사하고 박정희 청산을 더욱 강화하겠다고 하니 이는 자본주의 역사 발전에 정면으로 역행하는 처사라 아니할 수 없다.

이와 같이 박정희 시대 청산에 몰두하면서 통일에 대비한 실질적 준비는 하지 않고 '우리민족끼리' 통일을 얘기하며 마치 통일이 저절로 번영을 가져온다고 하는 것은 국민을 오도하는 일에 다름 아니다. 진정한 의미의 통일에 대한 준비는 박정희 기업부국 패러다임의 재가동밖에 없다.

1인당 소득 3만 불을 달성한 지금, 앞으로 연평균 7% 성장을 10년만 지속하면 인당 소득 6만 불의 세계 최고의 경제강국이 가능하다. 고소득 국가가 되면 7% 성장은 어렵다는 사람들에게 반문하고자 한다. 박정희 시대보다 300배나 더 잘사는데 박정희보다 못하겠다는 말인가? 시도해보기나 했는가? 안 된다고만 하지 말고 하면 된다고 설파한 박정희를 잊지 말자. 제2의 기업부국 혁명의 깃발을 내걸고 중소기업 육성정책을 성장하는 기업 우대 정책으로 전환하여 10개,

20개의 삼성, 현대, LG, 대우, SK. 롯데 등, 더 많은 대기업들을 키워내야 한다. 그래야 세계 최고의 경제강국 건설에 나설 수 있다. 예컨대 지금 16개에 불과한 우리의 「포춘」 500대 기업 수를 일본의 52개, 더 나아가 중국의 120개 이상으로 키워낸다는 비전을 가지고 제2의 기업부국 혁명에 나서야 한다. 이것만이 앞으로 독자생존의 치열한 세계경쟁에서 중국, 일본, 러시아로부터 우리의 자존과 독립을 지키고 우리 후손들에게 진정으로 번영된 나라를 물려주는 길이 될 것이다. 또한 이래야 향후 남북통일도 순조롭고, 나아가 5000년 동안 반도의 운명 속에서 주변 강국에 짓눌려 살아온 약소국의 질곡에서 벗어날 수 있다.

그러나 제2의 박정희 기업부국 혁명은 진정으로 혁명적인 정책과 이념 개혁 없이는 불가능하다. 농경사회의 낡은 계급 이념인 사농공상士農工商, 이른바 "사士"자字에 해당하는 위정자들과 소위 지식인 사회는 지난 30여 년 동안, 박정희 대통령이 일으킨 대기업들을 규제하고 이들에 군림하여 오늘날 나라를 이 지경으로 만드는 데 음과 양으로 기여해왔다. 대오각성해야 한다. 그동안 경제를 민주화라는 이름하에 철저히 정치화하여 오늘날 사회주의 경제의 문턱까지 끌고 온 데는 이들의 책임이 크다. 자본주의 국부의 원천인 상공인商工人과 농민農民을 하늘같이 섬긴 박정희의 길을 따라 정책적으로는 물론, 이념적으로도 기업인, 과학자, 기술자 그리고 농민을 우대하는 상공농사商工農士의 자본주의 계급이념을 다시 살려내어야 한다. 그래야 기업부국의 제2의 박정희 혁명이 가능할 것이다.

한국의 지금의 상황은 지구촌 경제에 또 한 번의 값진 교훈을 주고 있다. 그러나 이번에는 불행하게도 반면교사이다. 위정자들과 지식인 사회가 경제를 정치화하여 기업에 군림하면 어떤 일이 벌어지는지 한국의 경제 상황이 잘 보여주고 있다. 만약 기업부국의 새로운 전기를 찾지 못한다면 한국경제가 선진국 대열에서 낙오하는 것은 시간문제일 것이다. 그래서 경제 흥망성쇠의 역사를 모두 보여주는 지난 60년 한국의 경제발전 경험은 너무나 중요한 세계경제 발전사의 교훈이다.

참고문헌

김영윤

    2001 『북한의 산업입지와 남북협력』, 통일연구원.

김우택 외

    1984 "개발도상국의 대외채무위기와 주요채무국의 외채현황 및 전망", 한국산업경제기술연구원.

마홍

    2005 "한국 경제발전과 중국의 시각", 조이제 편, 『한국 근대화, 기적의 과정』, pp. 543-554, 월간조선사.

박복영

    2014 "발전경제학과 국제원조의 진화", 「경제학연구」 제62집 제2호, pp. 131-157.

박정희대통령기념재단

    2018 『박정희 대통령 100대 치적(1961~1979)』, 박정희 대통령 탄생 100돌 기념, 박정희대통령기념재단.

안중기

    2017 〈포스트 차이나의 선두주자, 베트남의 성장 가능성에 주목하자〉, VIP REPORT 17-38호, 현대경제연구원.

양문수

    2018 "북한의 변화상 이해하기 시리즈 -②북한 기업의 경제활동 변화", 대한상의 브리프 제68호.

에즈라 보걸, 심규호·유소영 옮김

2014 『덩샤오핑 평전』, 민음사; Vogel, Ezra F. 2011, *Deng Xiaoping and the Transformation of China*, Harvard University Press.

오원철

1996 『한국형 경제건설』1-7권, 기아경제연구소.

윤한채

2010 『다시 조명해본 박정희 대통령』, 과학사랑.

임강택

2017 "2016년 북한 시장 동향", 「동향과 분석」, KDI 북한경제리뷰.

이부형·이해정·이용화

2014 "북한 농업개혁이 북한 GDP에 미치는 영향, 「현안과 과제」, 현대경제연구원.

이태규

2016 "직접투자 유출입 격차의 경제적 효과와 시사점", *KERI Insight*, 한국경제연구원.

윤병수

2017 "北 김정은 정권의 경제개발계획과 남북 금융협력 방안", 하나금융경영연구소.

전상인

2010 "새마을운동의 직시와 재인식", 새마을운동중앙회.

좌승희

1975 "한계주의 분배론에 대한 비판적 고찰, 서울대학교 석사학위논문.

2006 『신 국부론: 차별화와 발전의 경제학』, 굿인포메이션.

2008 『발전경제학의 새 패러다임: 진화를 넘어 차별화로』, 율곡.

2012 『경제발전의 철학적 기초』, 서울대학교 출판문화원.

2012a "세계경제위기의 진실, 자본주의의 문제인가?", 「시대정신」 제57호.

2015 『박정희, 살아 있는 경제학』, 백년동안.

2015a "대동강 기적을 향하여: 통일한국의 새로운 패러다임", 민주평화
　　　통일자문회의 광복 70주년 기념 대토론회 주제발표 자료, 3월.

2015b "동반성장 친화적 정치경제체제를 찾아", 「한국경제포럼」 제8권
　　　제4호, 한국경제학회.

2018 『박정희, 동반성장의 경제학』, 기파랑.

좌승희·이태규

2006 "한국영화산업 구조 변화와 영화산업정책: 수직적 결합을 중심으로",
　　　한국경제원 연구보고서 06-01.

2016 『자본주의 신 경제발전론: 기업부국 패러다임』, 한국경제연구원.

좌승희·조봉현·이태규

2015 "북한 경제발전의 새 패러다임: 대동강 기적의 점화", 연구자료
　　　2015-01, KDI.

좌승희·허찬국

2003 『한국통일 전환기 및 그 이후의 경제정책』, 한반도 통일핸드북 (I),
　　　한국경제연구원.

최경희

2017 "북한 정치체제 특성과 경제운영 원리", 한국은행 경제연구원 북한

금융경제포럼 발표 자료.

최상오

2010 "한국의 수출지향공업화와 정부의 역할: 수출진흥확대회의를 사례
로", 「경영사학」 제56권, pp. 355-383.

한도현

2012 "2011 경제발전경험 모듈화사업: 새마을운동 모범사례", 행정안전
부·새마을운동중앙회.

홍민

2017 "북한 종합시장의 지역별 분포와 운영 현황", 「동향과 분석」, KDI
북한경제리뷰.

Aiyar, et. al

2013 "Growth Slowdowns and the Middle-income Trap," IMF Working Paper,
No. 13/71.

Boone, Peter

1994 "The Impact of Foreign Aid on Savings and Growth," Centre for Eco-
nomic Performance, Working Paper, No. 677.

1996 "Politics and the Effectiveness of Foreign Aid," *European Economic Review*,
Vol. 40, No. 2, pp. 289-329.

Burnside, A. Craig and David Dollar

2000 "Aid, Policies and Growth," *American Economic Review*, Vol. 90, No. 4,
pp. 847-868.

Djankov, et al.

2005 "The Curse of Aid," The World Bank.

Dollar, D. and V. Levin

2006 "The Increasing Selectivity of Foreign Aid, 1984-2003," *World Development*, Vol. 34, Issue. 12, pp. 2034-2046.

Edwards, Sebastian

2009 "Protectionism and Latin America's historical economic decline," *Journal of Policy Modeling*, vol. 31, pp. 573-584.

Easterly, William

2003 "Can Foreign Aid Buy Growth?," *Journal of Economic Perspectives*, Vol.17, No.3, pp. 23-48.

2005 "Can Foreign Aid Save Africa?," *Clemens Lecture Series* 13, Saint John's University.

Fischer, Stanley

1994 "Russia and the Soviet Union Then and Now" in *The Transition in Eastern Europe*, Vol. 1, University of Chicago Press.

Fukuyama, Francis

1992 *The End of History and the Last Man,* NewYork: Free Press.

Hubbard, Glenn and William Duggan

2009 *The Aid Trap: Hard Truths about Ending Poverty*, Columbia University Press.

Kahn, Herman

1979 *World Economic Development: 1979 and Beyond,* Boulder, Colorado, USA: Westview Press.

Kim, Byung-Yeon

2017 *Unveiling the North Korean Economy: Collapse and Transition,* Cambridge University Press.

Knack, Stephen

2004 "Does Foreign Aid Promote Democracy?," *International Studies Quarterly,* Vol. 48, No. 1, pp. 251-266.

Jwa, Sung-Hee

2014 "Basics of Economic Policy Management: Theory of Economic Policies and Their Coordination," Chapter 1, *Foundations of Policy Coordination in Economic Management: The Korean Experience,* The Report submitted to Development Strategy Institute of Vietnam by the KDI School of Public Policy and Management, August 30, 2014 (Unpublished).

2016 "Achieving Sustained, Indigenous and Inclusive Growth," (The Allama Iqbal Lecture), *The Pakistan Development Review,* 55:4 Part I(Winter), pp. 267-287.

2017 *A General Theory of Economic Development: Towards A Capitalist Manifesto,* Cheltenham, UK·Northampton, MA, USA: Edward Elgar Publishing.

2017a The *Rise and Fall of Korea's Economic Development; Lessons for the Developing and Developed Economies,* Cham, Switzerland: Palgrave-Macmillan.

2018 "Understanding Korea's Saemaul Undong: Theory, Evidence and Implication," *Seoul Journal of Economics*, Vol. 31, No. 2, pp. 195-236.

2018a "Achieving the Shared Economic Growth," *The Pakistan Development Review*, Vol. 57, No. 1, March.

Mckinnon, Ronald

1991 *The Order of Economic Liberalization: Financial Control in the Transition to a Market Economy*, Johns Hopkins University Press.

Nzau, Mumo

2010 "Africa's Industrialization Debate: A Critical Analysis," *The Journal of Language, Technology & Entrepreneurship in Africa*, Vol. 2, No. 1, pp. 146-165.

Ofer, Gur

1987 "Soviet Economic Growth: 1928-1985," *Journal of Economic Literature*, Vol. 25, No. 4, pp. 1767-1833.

Park, Jong-Dae

2019 *Re-inventing Africa's Development: Linking Africa to the Korean Model*, Cham, Switzerland: Palgrave-Macmillan.

Sachs, Jeffrey

1993 *Poland's Jump to the Market Economy*, MIT Press.

Simon, Herbert A.

1991 "Organization and Market," *The Journal of Economic Perspectives*, 5(2), pp. 25-44.

Solt, **Frederick**

2016 "The Standardized World Income Inequality Database," *Social Science*

Quarterly, Vol. 97, Issue 5, pp. 1267-1281.

Studwell, Joe

2013 *How Asia Works: Success and Failure in the World's Most Dynamic Region*, Grove Press, New York.

Svensson, Jakob

2000 "Foreign Aid and Rent-Seeking," *Journal of International Economics*, Vol. 51, No. 2, pp. 437-461.

Taylor, John B.

1993 "Discretion versus policy rules in practice," *Carnegie-Rochester Conference Series on Public Policy*, 39, pp. 195-214.

Yoon, Yong

2019 "Social and Economic Experiments in the 1970s: Ujamaa and Saemaul Undong Compared," Manuscript.

저자소개

좌승희

1947년생. 서울대 경제학과에서 학사와 석사, 그리고 미국 UCLA에서 경제학 박사학위를 취득했다. 유학 전 한국은행 근무, 박사 후 2년여 동안 미국 연방준비은행(FRB) 근무, 1985년부터 12년 동안 한국개발연구원(KDI) 연구위원, 8년 동안 한국경제연구원장, 5년 동안 경기개발연구원장 등을 역임했다.

그간의 연구를 통해 저자는 "정통 주류경제학은 박정희 시대를 포함한 동아시아의 고속성장 경험은 물론, 자본주의 경제발전의 보편적 현상을 설득력 있게 설명하지 못한다"는 확신을 갖게 되었다. 이런 시각에서 지난 20여 년 동안 대안경제학을 모색하여, 2017년 6월 『경제발전의 일반이론: 자본주의 선언문(A General Theory of Economic Development: A Capitalist Manifesto)』(Edward Elgar), 9월에는 『한국경제의 흥망성쇠: 선·후진국에 대한 교훈(The Rise and Fall of Korea's Economic Development: Lessons for Developing and Developed Economies)』(Palgrave Macmillan)을 출판하였으며, 이들 책이 본서의 기본 바탕이 되었다.

국내 주요 저서로 『신국부론』(굿인포메이션, 2006), 『발전경제학의 새 패러다임』(율곡, 2008), 『경제발전의 철학적 기초』(서울대 출판문화원, 2012), 『박정희 살아있는 경제학』(백년동안, 2015) 등 다수, 그 밖에 수십 편에 이르는 국·영문 논문이 있다.

저자는 이러한 학문적 연구와 성과를 바탕으로 지난 십수 년간 새로운 경제발전의 일반이론을 서울대 경제학부와 국제대학원, KDI 국제정책대학원, 영남대학교 박정희새마을대학원에서 초빙 및 석좌교수로 강의해 왔다. 2016년 2월부터 (재)박정희대통령기념재단 이사장을 맡고 있다.

이 태 규

한국경제연구원 연구위원. 부산대학교에서 공학사 및 경제학 석사를 거쳐 미국 텍사스대(The University of Texas at Austin)에서 경제학 박사학위를 취득하였다. 한국경제연구원 부연구위원, 기획조정실장, 미래전략연구실장을 거쳐 현재 연구위원으로 재직하고 있다. 주요 연구 분야는 금융경제, 금융제도, 산업정책 등이며 최근에는 성장과 분배론에 관심을 두고 연구를 진행하고 있다. 주요 경제학회 임원과 금융감독원, 국민연금, 대법원 등 기관의 주요 위원회 자문위원을 역임하였다.

주요 논문 및 저서로는 『자본주의 신 경제발전론: 기업부국 패러다임』(2016, 좌승희와 공저) 『직접투자 유출입 격차의 경제적 효과와 시사점』(2016), 『성장동력정책의 현황과 정책적 시사점』(2015), 『국내 은행의 다각화 구조와 영향에 관한 연구』(2011), 『중국과의 무역이 가격변화에 미치는 영향분석』(2011), "Financial and Tax Support for Promoting Businesses", in *2010 Modularization of Korea's Development Experience: Private Sector Development* (2011), 『자본규제(capital control) 논의의 동향과 정책적 시사점』(2010), 『거시건전성 감독체계 강화 논의와 정책적 시사점』(2010) 등 다수가 있다.

한강의 기적을
세계로 대동강으로

초판 1쇄 발행일 2019년 10월 26일

지은이 좌승희·이태규
펴낸이 안병훈
펴낸곳 도서출판 기파랑
디자인 커뮤니케이션 울력
등록 2004년 12월 27일 제300-2004-204호
주소 서울특별시 종로구 대학로8가길 56(동숭동 1-49) 동숭빌딩 301호
전화 02-763-8996(편집부) 02-3288-0077(영업마케팅부)
팩스 02-763-8936
이메일 info@guiparang.com

ⓒ 좌승희·이태규, 2019

ISBN 978-89-6523-618-4 03300